U0813520

世纪波
Century Wave

ECONOMICS AROUND US

经济学充满太多的公式和逻辑推演，让人望而却步？
不，其实经济学很有趣，它就在你、我、他的周围。

经济学在身边

趣味解读通俗经济学的青春读本

沈禄政◎著

一位普通的中国大学生带你透过身边事物的表象，理解其经济学内因，
洞察事物本质，成为理性经济学人。

電子工業出版社
Publishing House of Electronics Industry
北京·BEIJING

图书在版编目（CIP）数据

经济学在身边 / 沈禄政著. —北京：电子工业出版社，2016.7
ISBN 978-7-121-29311-5

Ⅰ. ①经… Ⅱ. ①沈… Ⅲ. ①经济学－通俗读物 Ⅳ. ①F0-49

中国版本图书馆 CIP 数据核字(2016)第 153325 号

策划编辑：张　培
责任编辑：张　培
印　　刷：三河市兴达印务有限公司
装　　订：三河市兴达印务有限公司
出版发行：电子工业出版社
　　　　　北京市海淀区万寿路 173 信箱　　邮编 100036
开　　本：720×1000　1/16　印张：13.5　字数：154 千字
版　　次：2016 年 7 月第 1 版
印　　次：2016 年 7 月第 1 次印刷
定　　价：42.00 元

凡所购买电子工业出版社图书有缺损问题，请向购买书店调换。若书店售缺，请与本社发行部联系，联系及邮购电话：（010）88254888，88258888。
质量投诉请发邮件至 zlts@phei.com.cn，盗版侵权举报请发邮件至 dbqq@phei.com.cn。
本书咨询联系方式：（010）88254199，sjb@phei.com.cn。

推荐语

从有文献记载的古希腊经济思想起源至今，经济学伴随着人类社会的进步，经历了两千多年的不断演化和完善，已经渗入社会政治、商业、货币、文化等各方面，可谓博大精深。沈禄政先生的《经济学在身边》从一名到北京上大学的学子叶知秋填报高考志愿时进行“权衡取舍”的故事开始，把成本、分配、货币、市场和价值转换等难以理解的概念，融入我们身边的一个个小故事中，不但生动形象、通俗易懂，而且贴近生活，让人有耳目一新的感觉。从“理性经济人”的视角出发，结合故事，深入浅出地介绍了经济学的知识和原理，不但将经济学的精髓娓娓道来，还折射出对生活的很多哲学思考。对于那些希望了解经济学基础，并希望能够给自己的生活带来更多乐趣的读者而言，本书可谓必读佳作。

——中软国际集团高级副总裁　　刘英杰

本人从事互联网和体育产业工作多年，对于经济领域的许多概念始终一知半解。此书以浅显的语言、生动的故事使看似高深莫测的经济学概念变得生动亲切起来，是一本不错的经济知识入门读物，值得一读。

——体育之窗高级副总裁　　夏平

通读了《经济学在身边》，明确了很多经济学的概念，可以将其应用在工作和生活中的很多方面。这本书还原了一门有趣的学问的本来面目，值得推荐。

——融智通科技董事长　　管明尧

前　言

经济学总是让人望而却步，有太多的数学公式和太多的逻辑推演。如果没有掌握较强的数学工具，期望能对经济学有个透彻的理解怕是不易。同时，经济学又是日常生活中能随时接触到的知识，人们总是自觉或不自觉地用到经济学的相关知识。

由此，笔者想到，是不是抛开数学，抛开公式，抛开理论推演，我们会更能理解经济学的内核，更能领略经济学本身的魅力。本书以A大学的一个新生叶知秋身边的日常事务为引子，引出经济学的相关概念和理论，对寻常可见的、发生在每个人身边的有趣话题和经济学经典故事进行了深入浅出、充满智慧与趣味的剖析。如果读者能从中了解到需求与供给的关系，知道市场调节的逻辑，明白理性人如何考虑边际量这些粗浅的经济学原理，本书便发挥了最大的效用。

目 录

第 1 章

我们都是理性经济人

1.1 始终面临权衡取舍

“各位乘客，欢迎来到首都北京。飞机就要降落，现在机场的气温是摄氏 34 度。”

叶知秋迷迷糊糊睁开眼睛。北京，终于到了。到了一个梦想的地方，并没有太多的激动，激情已经从刚拿到录取通知书的最高点慢慢回落了。即将到达的 A 大学是他无意识选择的结果，记得在填报志愿的时候，叶知秋的首选是北京理工大学，专业是信息工程和计算机。本来高考分数已经超过北京理工大学提档分数线，但因为在专业志愿中不愿意接受调剂，意外地进入了 A 大学，还选择了一个随意填写的专业——环境工程。这是叶知秋自己的选择，即使他并不十分情愿。这就是生活，充满意外，人们总是面临权衡取舍。

正如俗语所说的“天下没有免费的午餐（There is no such thing as a free lunch）”，做决策需要在一个目标和另一个目标之间仔细权衡（一物换一物，等价交换）。叶知秋在报考大学的时候面临着报考北京理工大学和 A 大学的权衡，他必须在环境工程和信息工程之间进行取舍。选择了环境工程，就必须舍弃生物工程、工商管理等专业的学习机会。

之所以要进行权衡取舍，根本原因就是资源稀缺。人的欲望无限，只能将最重要的资源分配到能满足最高效用的地方。

例如，坐车的经历是每个人都会有的，由于北京城区比较大，每次外出都需要坐车，或者乘公交车或者打车，这其中就面临权衡取舍。等公交车需要等的时间可能很长，但是费用低；打车费用比较高，但是可以不用等。要么，打定主意等公交车等下去；要么，直接打车出发。否则，结果都不会是最优的。叶知秋外出通常是等公交车，可是经常等了很久，才来一班。苦等的时候他总是在想，早知道这样，一开始打车就好了， 不用浪费这么多时间。可是，他已经等了那么久，公交车可能马上就会到，再打车的话，不仅浪费了时间，也浪费了金钱。所以，他还是会继续等下去。在进行权衡取舍的时候最重要的是要有决断的力量，如果不能即刻决断，机会就有可能错失，甚至连选择的可能性都消失了。

田忌赛马大家都知道。田忌是齐国的大将。有一次，他与齐威王约定赛马。当时，人们通常都是把马分为上、中、下三等，然后一一较量。可是，齐威王每一个等级的马都比田忌的好，所以比了几次，田忌都输给了齐威王。后来，一旁的孙膑给他出了个主意，即“今以君之下驷与彼上驷，取君上驷与彼中驷，取君中驷与彼下驷”。意思是说，田忌用自己的下等马对齐威王的上等马，用上等马对齐威王的中等马，用中等马对齐威王的下等马，这样必定能够在三局中两次取胜。田忌按照这个策略果然取得三局两胜，赢了齐威王。

从这个故事中可以看出，一件事情的输赢、得失，关键在于决策人有没有权衡的能力和取舍的魄力。冷静地权衡事物的利弊得失，才能收获更多的利益。如果怕自己的下等马白白输给对手的上等马，而去用自己劣势的上等马与对方的上等马硬拼，那么，即使有可能保住一匹下等马，但失去的将是整场比赛。由此可见，要想获得最后的胜利就要学会权衡。有权衡，则必定就会有取舍。这是在资源稀缺的情况下不得不做出的选择。

资源（经济学中所指的资源内涵非常广泛，包括金钱、身体健康、时间等）永远是有限的，人们的欲望是无限的，有限的资源总是无法满足无限的欲望。因此，人们必须做出权衡取舍，这是每个人都无法回避的问题。权衡取舍的情况随处可见，与人们的生活息息相关。例如，吃中餐还是西餐，听音乐会还是看电影，开车还是打车。

婚恋也是如此。在詹姆斯·汉斯林的《社会学》中关于“科层”的论述中也提到了类似问题，书中说人会更多地和同科层的人交往以及婚恋。春秋时期，郑庄公的世子忽就拒绝了齐僖公将女儿文姜许配给他的提婚。“人各有耦，齐大，非吾耦也。” 虽然文姜长得沉鱼落雁，但齐强郑弱，门户不当对。

大多数的婚恋都是相互选择的结果。这是一个理性的经济人权衡取舍做出的最适合的选择。实际上，能有可选择的人是幸福的。

叶知秋直到大学毕业几年后才发觉，自己在学生时代最宝贵的资源——时间，缺乏合理的配置。他把其中的很大一部分配置到了无所事事、睡觉、玩游戏和其他丝毫不重要的事情上。这可能也是每个进入大学的学生都要面临的问题。学生可以把所有的时间用于学习经济学，可以把所有的时间用于学习心理学，也可以把时间分配在这两个学科上。

把某一小时用于学习一门课时，就必须放弃本来可以学习另一门课的一小时。而且，用于学习一门课的每一小时，都要放弃本来可以用于睡眠、运动、玩游戏、看电视或打工赚零花钱的时间。

在大学中勤工俭学获得的收入，可以购买食物、衣服或者去旅游，也可以储蓄、投资。当选择把额外的 1 元钱用于上述用途中的一种时，在某种其他用途上就要少花 1 元钱。

不仅仅个人会面临上课还是睡觉，自习还是打牌，买衣服还是买书，休息还是工作等不同选择的取舍，任何一家企业也会面临各种选择，必须权衡取舍，做出有利的决策。企业权衡取舍的关键就是在效率和公平之间获取平衡。

效率，即社会能从其稀缺资源中尽可能得到最多。
公平，即在社会成员间公正地分配经济利益。

企业在每个区域如何分配资源（利益、市场、产品、人员等），选择总是令管理者们面临两难的境地，企业的生存、发展，始终贯穿在生产、交换、分配和消费的环节之中，而其中的关键在于公平与效率两个方面。公平和效率的先后次序又涉及企业经营管理中更为深刻和重要的一个问题，即价值判断。

有关效率和公平，有一个著名的比喻。效率就是如何做饼（尽可能将饼做大），公平就是如何分饼（尽可能公平地分配），这两者常常会产生冲突。太过注重公平往往会发现饼变小了，太过注重效率会有很多人分不到饼。

竞争市场能够带来效率，公平与效率常常存在某种替代关系，为得到更多公平，往往要牺牲一部分效率，反之亦然。以最小的公平损失来换取尽可能多的效率和以最小的效率损失来争取最大可能的公平是企业管理不懈追求的目标。

政府的政策也是如此。例如，个人所得税要求经济上成功的人士对政府给予比其他人更多的贡献与支持。虽然这些政策对实现更大的公平有好处，但它以降低效率为代价。当政府把富人的收入再分配给穷人时，就减少了对辛勤工作的奖励。结果，人们工作少了，生产的物品与劳务也少了。换句话说，当政府想要把经济蛋糕切分为更均等的小块时，这块蛋糕本身也就变小了。

在现代社会，同样重要的是清洁的环境和高回报之间的权衡取舍。要求企业减少污染的法律增加了生产产品与劳务的成本。由于成本提高了，这些企业赚的利润少了，支付的工资低了，收取的价格高了，或者结果是这三种结果的某种结合。因此，尽管污染管制给予我们的好处是更清洁的环境，以及由此带来的健康水平的提高，但其代价是企业所有者、工人和消费者的回报减少了。从总体上看，经济在持续发展，当经济发展到一定程度之后，对清洁环境的要求就变得尤为重要。

同样，当人们组成社会时，也面临着各种不同的权衡取舍。典型的是在“大炮与黄油”之间的选择。把更多的钱用于国防，以保卫国家的边境免受外国入侵（大炮）时，能用于提高国内生活水平的消费品（黄油）就少了。

认识到生活中的权衡取舍非常重要。只有了解了自己面临的选择，才能做出良好的决策。

1.2 上大学的成本

和叶知秋同行的还有一个伙伴叫木贝申，两人来自同一所高中，这是他们第一次离开家乡来到这么远的地方。在买飞机票的时候，两人得知凭录取通知书能以 6 折的价格购买机票时兴奋不已。然而，两人在候机大厅知道有人买到了价格极低的特价机票，甚至远低于他们的学生票的时候，又一直抱怨不停，并武断地认为航空公司一定是亏本了。一年后，叶知秋才清楚地了解**边际成本**与**平均成本**的区别。

> **平均成本**，总成本与产量的比值。
> **边际成本**，多生产一单位产出时总成本的变化量，它是多生产一单位产出额外增加的成本。

假定一架 100 座的飞机从厦门到北京的总成本为 10 万元，包括燃油费用、人工成本、停机花费、维修保养等所有相关的费用，那么每个座位的平均成本为 1 000 元。航空公司每张机票售价必须高于 1 000 元，才能确保不亏本，而且需要 100 个座位全部卖出。当这架飞机确定从厦门飞往北京的时候，10 万元的总支出已经确定。此时，每增加一名乘客，航空公司所要支付的边际成本就非常少，仅仅是这名乘客在飞机上的一顿航空餐和极小的服务成本，边际成本只有十几元。因此，作为航空公司，如果在飞机起飞前还存在空位，只要有乘客愿意支付高于边际成本的费用，它就愿意为乘客提供一张机票。

很明显，边际成本可以和平均成本大不相同。指导航空公司定打折票价的不是平均成本，而是边际成本。飞机票应该卖贵点？还是应该卖便宜点？边际成本是行为的结果，也应该是行为的指南。

九月中旬，三伏早已过去，可夏暑还像刚离职的官员依旧发挥着余热，时刻提醒人们注意自己的存在。叶知秋和木贝申随着人流走出机场，刚出大厅好几个中年大叔轰的一下围上，仿佛接机的粉丝，又好像多年不见的老友，热情比气温还高。

“到哪儿？到哪儿？坐我的车！”

“车就在这儿……”

两人茫然地上了辆车，“师傅，到A大学，航天桥那儿。”

路途的劳顿加上汽车的颠簸使叶知秋哇的一下把中午饭全交了出来。幸好他早料到会有这种情况，下飞机时就预备了纸袋，才不至于令司机为难。木贝申忙着找水、拿纸。

“你可真行，一到北京就缴了械。没事吧？漱漱口，擦擦嘴。”

叶知秋抬头笑了笑，“刚到北京总得送一些见面礼的。”刚说完又哇的一下加重了“礼物”的分量。

“航天桥都绕了一圈了，A大学在哪？我第一次听说这所大学。”

“我们也不太清楚。对了，师傅，原工学院。怎么工学院也没听过，您不是刚开出租车吧？”

“我开出租车快九年了。我们再往前看看吧！”

三十分钟后，目的地终于到了。站在校门口，对面是一条悠长的林荫道，静谧而富有内涵，跟叶知秋心中想象的高校别无二致，文化积淀、学术氛围让它清幽不群。林荫道的后面该是一片更广阔的天地。想到这，刚刚晕车的不快已不复存在，叶知秋眨了眨眼，“终于修成正果，得道‘西天’了！”

“恭喜，恭喜！”

“彼此，彼此。”

匆匆办完手续，二人就各自去了宿舍，叶知秋分到了4号楼129。楼道窄小而黑暗，进门一看，宿舍其他人已经各就各位了。所有人的脸上都洋溢着快乐、兴奋和友善。

“嘿，哥们儿，就你来得最晚了。我叫王羽，怎么称呼？”一个100千克的娃娃脸伸出了手。

“叶知秋，福建的，请多指教！”叶知秋一一握了手。学校真是个小社会，光宿舍就有来自北京、江苏、浙江、黑龙江、福建5个省市的同学，大家一齐聚集到这个13平方米的地方。

“俺们那儿今年考生考得都不错，到外地上学的不少，就这学校在俺们那儿算一般的，这次俺考得不好，俺认了！”李强洪亮的声音充斥了整个宿舍。

“运气，走运了，真没想到。考完就没底，以为要I大学，没想到400多分上了A大学，真走运！”二号床的刘朝一脸的喜兴。

“还真别说，北京就这点好，这分儿在我们那儿连学都上不了。”郝亮侧了侧身，“今天进门一看到你，我就知道你是北京人。嘿，刘朝，你原来是哪个学校的？”

“二十二中。”

“二十二中，听说好像不错的。”戴着小眼镜来自江苏的左昌哲一脸的稚气，“考完后我的许多同学都拿到入学通知书了，就我没有，想发火，又担心，后来拿到了才痛快玩了一通！”

屋子里充满了好奇和快乐，还有对未来的憧憬，任何一个话题都能引起所有人的共鸣。这夜安详而又平和，叶知秋觉得自己快要融入这个新地方了。他们有一个共同的特征，就是非常乐于上大学，虽然上大学的成本很高。

某种东西的成本指的是要得到它需要放弃的其他东西。

经济学所说的**成本**有两种。一种是实际发生的成本，即会计成本；另一种是机会成本。会计成本是厂商在生产过程中按市场价格直接支付的所有费用，这些费用一般均可以通过会计账目反映出来。利用这个定义可计算出一个大学生上大学四年的会计成本：上大学的学费、书费和生活费。按照现行价格标准，一个普通家庭培养一个大学生的这三项费用之和是 10 万元。机会成本是以最好的另一种方式利用某种资源，它所能生产出来的价值为机会成本，也称为选择成本。大学生如果不上学，会找份工作，按照现行劳动力价格标准假如也是 10 万元，也就是说一个大学生上大学四年的机会成本也是 10 万元。大学生上大学经济学概念的成本是 20 万元。

上大学的成本如此之高，可是人们还都希望能上大学，因为这种选择符合经济学理论中收益的最大化原则。我们可以算一下上大学与不上大学一生的成本与收益。假定不上大学，18 岁工作，工作到 60 岁，共 42 年，平均每年收入是 5 万元，共 210 万元。上大学，22 岁工作，工作到 60 岁，共 38 年，平均每年收入是 10 万元，共 380 万元，减去上大学的经济学成本 20 万元，剩下 360 万元。与不上大学的收入比较，上大学多得到的收入是 150 万元。这还没考虑高学历所带来的名誉、地位等其他效应。虽然大学生越来越多，但从总体上看，较好大学的毕业生收入依旧能位于同年龄段人的中位值以上。

但对一些有特殊技能或机遇的人，情况就不是这样了。比如，一个有足球天赋的高中生，如果在高中毕业后去踢足球联赛，每年可收入 200 万元人民币。这样，他上大学的机会成本就是 800 万元人民币。这远远高于一个大学生一生的收入。因此，有这种天赋的青年，即使学校提供全额奖学金也不去上大学。这就是把机会成本作为上大学的代价，不上大学的决策对于他们就是正确的。对他们而言，上大学的机会成本非常高，这就是有些演员、模特、球员、歌手的受教育水平不是特别高的原因。

实际上，机会成本是因选择一件东西而放弃的其他所有东西中最有价值的东西。在只有 40 元钱的情况下，可以选择用这 40 元去理发，或者买点吃的，或者买本书，或者看场电影，或者去买张彩票……

钱是有限的，最多只有 40 元。别无他法，只能在其中选择一项。假设在权衡利弊之后，你选择了买书，那么你所放弃的权利包括：理发，买吃的，看电影，买彩票……而在放弃的这些选项中，如果你认为理发是最有价值的，那么选择买书这件事的机会成本就是理发所能带给你的价值。

一个学生毕业后同时收到了联想和华为两个公司的录取通知书。这个应聘者选择联想的机会成本就是在华为的工作，如果选择去华为工作，那么机会成本就是在联想的工作。

1.3 比较优势让他考上大学

叶知秋所在的宿舍 4-129，总共有 8 个同学，三个来自北京，一个来自江苏，一个来自浙江，两个来自黑龙江，还有叶知秋自己来自福建。同一所学校，同样是环境工程专业，都是经过题目一致的全国统考，按道理说，入校学生的分数应该也是接近的。可事实上，在一个 8 个人的宿舍内，入学成绩相差高达 200 多分，这是在总分只有 750 分的前提下。

北京的刘朝 400 多分就能进入 A 大学，来自浙江的胡光入校成绩却超过 600 分。很显然，这不是由录取的弹性机制决定的，而是由地域的比较优势决定的。北京是中国的文化、政治中心。文化正是北京的比较优势之一，这一点从北京地区拥有 75 所非民办大专院校就能看出来。比较优势源于北京对教育资源的占有、分配和利用等情况与外地的巨大差别，造成了比较优势的产生，而

> **如果一个国家在本国生产一种产品的机会成本（用其他产品来衡量）低于在其他国家生产该产品的机会成本的话，这个国家在生产该种产品上就具有比较优势。**

且这种资源的占有是全国性的。这其中折射的不仅仅是精英阶层力量的强大，也体现了现有教育制度的倾斜性。

比较优势又称为相对优势。比较优势原理最早由英国经济学家大卫·李嘉图提出。这一原理表明，劳动生产率不同的国家，通过商品国际化交换，都能在不同程度上实现社会劳动的节约，从而给交换的双方在经济上均带来利益。即使在各个生产领域生产率都比较低的国家，通过生产和出口那些自己具有相对优势的产品，以换取自己具有相对劣势的产品，仍然可以实现社会劳动的节约。比较优势的产生正是源于各生产单位对资源的占有、分配和利用等情况的差异。而比较优势的差异直接导致了生产的专业化（即“社会分工”）和贸易的产生。这种专业化的结果是，当每个人都能够专门从事自己最擅长的事情时，生产就会变得更加有效率，从而整个社会可创造的物质财富总量与其整体经济福利便会有所增加。专业化所带来的总产量增量，就是贸易的好处。那么，贸易的进行，也就由此变得顺理成章。同时，更多可分享的总产量本身，同样促进专业化决策的发展。

比较优势最主要体现在地区与国家之间，假设在中国生产 10 000 件衬衫的机会成本（各种生产要素的消耗）相当于生产 1 台汽车的成本，而在美国生产 10 000 件衬衫的机会成本相当于生产 2 台汽车的成本，那么我们就说在中国生产衬衫有比较优势。反过来，我们也可以说在美国生产汽车有比较优势，因为在美国生产汽车的机会成本（每台 5 000 件衬衫）低于中国。实际也是如此，中国劳动力数量庞大而且价格低廉，这确实是发展制造业的比较优势，所以我们的规模型劳动密集型产业发展非常迅速。过去很长一段时间，我们都依赖于劳动密集型产业。现在正在做的就是产业转型，因为随着我们国家经济的发展，相对于不发达国家，劳动密集型产业已经不是我们的比较优势了。

比较优势不仅仅存在于地区之间，在个体之间也存在比较优势。例如，一个学历低的职专毕业生与一个大学毕业生相比，他有自己的比较优势。主要体现在四方面，一是实用技能，二是用人成本，三是期望值，四是稳定性。

- 在实用技能方面，毫无疑问，低学历的高职高专学生要胜人一筹，他们在校期间就有大量的动手机会和实践机会。而高校的高学历学生，有些有很强的“书呆子气”，他们可能适合从事教学、科研工作，但如果到一些公司里去，动手实践能力明显弱于低学历学生。
- 在用人成本方面，很显然，低学历者相对于高学历者有优势。一般来讲，低学历的人，在用人单位里起薪较低，按照现行的工资制度，很多用人单位是根据学历高低给予员工不同的起薪的，研究生是一个起薪，本科生是一个起新，专科生是一个起新。起薪低，也就意味着用人成本相对较低。如果两个应聘者按公司的测评体系评测下来，分数是相同的，也就是说综合能力和素质相差无几，公司宁愿要低学历的学生，而不愿意要高学历的学生。有两个原因。第一个原因是，低学历的员工用人成本低。第二个原因是，如果高学历的学生没有比低学历的学生更优秀，就证明他的学习能力没有低学历学生的学习能力强，或者没有低学历学生付出的更多。

- 在期望值方面，低学历人才，相对来说，对自己未来的期望更加务实，往往能勤恳地做一些不起眼的工作，而不会产生多少怨言，也很少动辄就产生另谋高就的念头。这样一种务实的期望，显然更加适合用人单位的发展需要。这也是低学历人才具备的比较优势之一。
- 在稳定性方面，与期望值对应的就是稳定性。对未来期望值高的人才，往往稳定性不强，而如果期望值不是特别高，不那么挑三拣四，就具有比较强的稳定性。高学历者能力强，能动性大，相对而言，就不太稳定。低学历的学生一般都比较安于现状。

实际上，比较优势是可以量化的。叶知秋所在的宿舍中，他写文章的能力较强，1 小时就能写出一篇 5 000 字的文章，但是他的打字速度较慢，把这 5 000 字的文章打出来需要花费 2 小时的时间。另外一个同学刘朝 2 小时才能写出 5 000 字的文章，但是他电脑输入只需要 1 小时。这种情况就是各自具有相对优势，叶知秋写文章更有优势，而刘朝打字更有优势。在不同的情况下完成写文章和打字的时间花费如表 1-1 所示。

表 1-1　叶知秋和刘朝在各自有比较优势的情况下完成工作所花费的时间

姓名	工作	时间	姓名	工作	时间	姓名	工作	时间	姓名	工作	时间
叶知秋	写文章	1	刘朝	写文章	2	叶知秋	写文章	1	刘朝	写文章	2
	打字	2		打字	1	刘朝	打字	1	叶知秋	打字	2
总时间		3	总时间		3	总时间		2	总时间		4

可以看出如果是由叶知秋一个人完成的话，完成两个工作需要花费3小时；如果由刘朝一个人完成的话同样需要3小时；如果是刘朝写文章而叶知秋打字的话，完成所有工作需要花费4小时；只有叶知秋写文章而刘朝打字才能获得最高效益，花费时间最少，只有2小时。

还有一种情况，叶知秋写文章需要花费1小时，打字也需要花费1小时。而刘朝写文章需要花费2小时，打字需要花费1.5小时。在这种情况下叶知秋具有绝对优势，完成全部工作的时间花费如表1-2所示。

表1-2　叶秋知和刘朝在叶秋知有绝对优势的情况下完成工作所花费的时间

姓名	工作	时间	姓名	工作	时间	姓名	工作	时间	姓名	工作	时间
叶知秋	写文章	1	刘朝	写文章	2	叶知秋	写文章	1	刘朝	写文章	2
	打字	1		打字	1.5	刘朝	打字	1.5	叶知秋	打字	1
总时间		2	总时间		3.5	总时间		2.5	总时间		3

在这种情况下，叶知秋写文章和打字都具有绝对优势，在写文章方面叶知秋具有更大的比较优势，他所要付出的机会成本较低。刘朝在打字方面比写文章具有比较优势。如果必须两个人进行组合的话，只能选择叶知秋写文章而刘朝打字，才能创造最大的效能。

1.4 上课的边际效用递减

开学的前一个月，叶知秋和宿舍中的每个同学都非常乐于上课，每节课都会准时到堂。上课对他们而言是与高中完全不同的体验，不再有压人的家庭作业，上课的氛围更好、互动性更强，而且每个同学都是新生，很有新鲜感。但渐渐地，开始有一个同学迟到，有两个迟到，有人逃一节课，有人逃半天课，有人逃一天课。逃课高峰期，一堂不太重要的课程会出现有一半学生逃课的现象。这种现象产生的最主要原因就是上课的**边际效用**降低了。

边际效用是指消费者在一定时间内增加一单位商品的消费所得到的效用量的增量。

1854 年，德国经济学家 H·H·戈森提出满足人类需求的三条定理。①欲望或效用递减定理，即随着物品占有量的增加，人的欲望或物品的效用递减。②边际效用相等定理，即在物品有限的条件下，为使人的欲望得到最大限度的满足感，务必将这些物品在各种欲望间作适当分配，使人的各种欲望被满足的程度相等。③在原有欲望已被满足的条件下，要取得更多享受量，只有发现新的享受或扩充旧的享受。

根据边际效用价值论，价值是一种主观心理现象，起源于效用，以物品稀缺性为条件。人对物品的欲望会随欲望的不断满足而递减。如果物品数量无限，欲望可以得到完全满足，欲望强度就会递减到零。但数量无限的物品只限于空气、阳光等少数几种，其他绝大部分物品的数量是有限的。在供给有限的条件下，人们不得不在欲望达到饱和前的某一点放弃对它的满足。为取得最大限度的满足感，应把数量有限的物品在各种欲望间做适当分配，使各种欲望被满足的程度相等。这样，各种欲望都要在达到完全满足之前某一点停止下来。这个停止点上的欲望必然是一系列递减的欲望中最后被满足的最不重要的欲望，处于被满足与不被满足的边缘，这就是边际欲望。物品满足边际欲望的能力就是物品的边际效用。由于这个边际效用最能显示物品价值量的变动，即随物品数量增减而发生相反方向的价值变动，所以，边际效用可以作为价值尺度。

有个故事。美国总统罗斯福连任三届后，曾有记者问他有何感想，总统一言不发，只是拿出一块三明治面包让记者吃，这位记者不明白总统的用意，又不便细问，只好吃了。接着总统拿出第二块，记者还是勉强吃了。紧接着，总统拿出第三块，记者为了不撑破肚皮，赶紧婉言谢绝。这时罗斯福总统微微一笑："现在你知道我连任三届总统的滋味了吧。"这个故事揭示了经济学中的一个重要的原理——边际效用递减规律。

总效用是消费一定量的某物品与劳务所带来的满足程度。边际效用是某种物品的消费量增加每一单位所增加的满足程度。我们就从罗斯福总统让记者吃面包说起。假定，记者消费 1 个面包的总效用是 10 效用单位，2 个面包的总效用为 18 个效用单位，如果记者吃完 3 个面包总效用还为 18 个效用单位。记者消费 1 个面包的边际效用是 10 效用单位，第 2 个面包是边际效用为 8 个效用单位，如果记者再吃第 3 个面包边际效用为 0 个效用单位。这几个数字说明记者随着消费面包数量的增加，边际效用是递减的。为什么记者不再吃第 3 个面包？因为再吃不会增加效用。再比如，水是非常宝贵的，没有水，人们就会死亡，但是当你连续喝了超过你能饮用的量时，多余的水就没有什么用途了，再喝边际价值几乎为零，或是在零以下。很多人的生活富裕了，会体验到“天天吃着山珍海味也吃不出当年家常菜的香味”。这就是边际效用递减规律。同样，开学的第一天上课对学生而言边际效用最大，而后由于上课的内容、讲师的授课方式、上课的形态等缺乏更多的新鲜感，上课对于学生而言边际效用在不断减少。

边际效用递减规律给经营者的启示

消费者购买物品是为了效用最大化。物品的效用越大，消费者愿意支付的金额越高。根据效用理论，企业在决定生产什么时首先要考虑商品能给消费者带来多大效用。

企业要使自己生产的产品能卖出去，而且能卖高价，就要分析消费者的心理，满足消费者的偏好。一个企业要成功，不仅要了解当前的消费时尚，还要善于发现未来的消费时尚。这样才能从消费时尚中了解到消费者的偏好及变动，并及时开发出能满足这种偏好的产品。同时，消费时尚也受广告影响。一次成功的传播会引导出一种新的消费时尚，左右消费者的偏好。所以说，企业营销行为始于传播，只是形态上存在广告、软文、活动、网红推广等不同形式。

消费者连续消费一种产品的边际效用是递减的。如果企业一直只生产一种产品，它带给消费者的边际效用就在递减，消费者愿意支付的金额就降低了。因此，企业要不断创造出多样化的产品，即使是同类产品，只要特色不同，就不会引起边际效用递减。例如，同类服装做成不同式样，就成为不同产品，就不会引起边际效用递减。如果产品完全相同，则会引起边际效用递减，消费者不会多买。

再比如，有一个地方很好玩，是旅游的好地方。如果第一次去，就觉得很新奇，玩得很痛快，觉得收获也不小，但如果去的次数多了，就不觉得新奇好玩了。为什么我们会对身边经常看到的事物熟视无睹，无动于衷呢？因为你看见它的次数多了，对它的注意力就减弱了，最后就目中无物，没有一点印象了。这其实也是你的注意力随着所见次数的增加而在衰减。

同理，每年都在受到各种评论的春节联欢晚会也是如此。晚会年复一年地办下来了，投入的人力、物力越来越大，技术越来越先进，场面设计越来越宏大，节目种类也越来越丰富，但人们对春节联欢晚会的满意度却越来越低了。原先在街头巷尾和茶余饭后的赞美之辞在有些地方变成了一片骂声，春节联欢晚会成了一道众口难调的大菜。实际上反复接受某种刺激，反应神经就会越来越迟钝。第一届春节联欢晚会让人欢呼雀跃，但举办次数多了，由于信息源拓展之后刺激反应弱化，尽管节目本身的质量在整体提升，但人们对晚会节目的感觉却越来越差了。

1.5 劣币驱逐良币

大学周边生活设施一应俱全，超市、酒店、餐厅、银行、网吧等应有尽有。大学生的消费内容也相对集中。在这些场所消费久了，叶知秋发现一个奇怪的现象，每次找零收到的现金大多数是皱巴巴的，这可是个经济高速发展的时代，银行印新钞的速度非常快，在银行取款也常常拿到非常新的纸币。可是为什么不管超市还是网吧的找钱总是皱巴巴的旧钱?

慢慢地，叶知秋发现，这几乎是所有人的共性，我们通常会将钱包里比较旧的钱花出去，保留比较新的。超市收银员也有同样的习惯，找钱的时候先将旧一点钱找出去，结果就是虽然印了新钱，可是在市场上流通效率更高的还是皱巴巴的旧钱，这就是劣币驱逐良币的表现。

劣币驱逐良币现象最早被英国的财政大臣格雷欣所发现，故被称为“格雷欣法则”。

劣币驱逐良币是经济学中的一个著名定律。该定律是这样一种历史现象的归纳：在铸币时代，当那些低于法定重量或者成色较差的铸币“劣币”进入流通领域之后，人们就倾向于将那些足值货币“良币”收藏起来。最后，良币将被“驱逐”，市场上流通的就只剩下劣币了。当事人的信息不对称是劣币驱逐良币现象存在的基础。

在16世纪英国，贵金属不能满足造币使用，必须在新铸造的货币之中加入其他金属成分，故当时市场上就有两种货币，一种是原先不含杂质的货币，另一种是被加入其他金属的货币。虽然两种货币在法律上价值相等，但人们却能对其加以区分，并且储存不含杂质的货币，将含杂质的货币拿去交易流通。因而市面上的良币就渐渐被储存下来而降低了流通性，市场上就只剩下劣币在流通。

“卑鄙是卑鄙者的通行证，高尚是高尚者的墓志铭”，这是诗人北岛《回答》的开头句。这其实反映的就是劣币驱逐良币的现象。

最显著的例子就是曾经的盗版现象。从社会必要劳动时间决定的价值来看，盗版软件是“劣币”，正版软件是“良币”。对于某些消费者来说，正版软件的质量和售后服务都使其感受其“良”；但对于大多数普通消费者来说，盗版软件以超低价格提供了几乎相当于正版软件的使用价值，即以单位货币衡量的盗版软件的效用要高于正版软件的效用。此时此刻，对于有些消费者来说，“劣币”名劣实良，其“理性”选择的结果是购买盗版软件而非正版软件。盗版软件因其市场需求量大而供给不断，正版软件却因其市场需求量小而门庭冷落，逐渐形成了盗版屡禁不止、“繁荣”于软件市场的劣币驱逐良币的现象。

这种现象在现实生活中也比比皆是。譬如说，曾有一段时间，乘公共汽车或地铁上下班，规矩排队者总是被挤得东倒西歪，几趟车也上不去，而不守秩序的人倒常常能够捷足先登，争得座位或抢得时间。最后遵守秩序排队上车的人越来越少，车一来，众人都争先恐后，搞得每次乘车如同打仗，让人苦不堪言。再比如，我们可以把不讲诚信的人比喻成“劣币”，讲诚信的人比喻成“良币”。假设一个社会中不讲诚信的人能够获得巨大好处，而又不会受到什么处罚，那么讲诚信的人就会越来越少，“劣币”就这样驱逐了“良币”。社会上假文凭泛滥的原因也在于此。假文凭不像真文凭那样需要花费无数的心血与才智才能取得，如果假文凭在求职中也能蒙混过关，即使被发现也不会被法律追究，那么有些人会宁愿要假文凭而不愿费力地追求真文凭。再比如，没有绩效考量的单位，无论水平高低、努力与否、业绩如何，所获得的待遇和奖励都一样，那么，年纪轻、能力强、水平高的员工就会另谋高就去了，剩下的则是老弱残兵、平庸之辈，工作敷衍了事。这也是“劣币驱逐良币”的表现。

美国加利福尼亚大学经济学教授乔治·阿克洛夫有一个经典的案例。假设有一个二手车市场，里面的车虽然表面上看起来都一样，但质量有很大差别。卖主对自己车的质量了解得很清楚，而买主则无法知道车的质量。假设汽车的质量由好到坏分布比较均匀，质量最好的车价格为 50 万元，质量最差的 0 元。买方会愿意出多少钱买一辆他不清楚质量优劣的车呢？最正常的出价是选择中位数 25 万元。那么，卖方会怎么做呢？很明显，价格在 25 万元以上的“好车”的主人将不会在这个市场上出售他的车了。这样一来，就进入了恶性循环状态。当买车的人发现有一半的车退出市场后，他们就会判断剩下的都是中等质量以下的车了。于是，买方的出价就会降到 15 万元，车主对此的反应是再次将质量高于 15 万元的车退出市场。以此类推，市场上的“好车”数量将越来越少，最终导致这个二手车市场的瓦解。

为什么劣币能驱逐良币，严复译的《天演论》写得好，“物竞天择，适者生存”。请注意，是“适”者生存，而不是“优”或“良”者生存，“优”或“良”并不意味着“适”（实际上，情况恰恰相反）。为什么呢？

我个人觉得这主要是良币自身的原因造成的。在“良币”的发展升华过程中，道德观念逐步根深蒂固，因而对自身的约束也与日俱增，“劣币”基本上没什么道德观念，因此可以肆无忌惮地为非作歹，并利用“良币”坚持的道德来驱逐“良币”，导致“良币”在“劣币”面前束手无策。在经济社会中要杜绝“劣币驱逐良币”，需要依赖制度，而非依靠个人的自我约束。

1.6 沉没成本是溅出的牛奶

叶知秋在大学的四年中常常为自己的行为后悔，逃课、不写作业、错过流星雨、恋爱不顺利、无意义的消费、醉酒等。这个过程中总会有大量的支出，或者是时间支出，或者是金钱支出。支出并不一定能带来好的回报，但无一例外，这些支出都无法再回收，因为这些支出是沉没成本。

已经发生的不可收回的支出，如时间、金钱、精力等称为“沉没成本”。

沉没成本（sunk cost）指已经付出且不可收回的成本。沉没成本常用来和可变成本进行比较，可变成本可以被改变，而沉没成本则不能被改变。

举例来说，如果你预订了一张电影票，已经支付了票款，且假设不能退票，此时你付的钱已经不能收回，就算你不看电影，钱也收不回来，买电影票的钱算作你的沉没成本。

当然有时候沉没成本只是价格的一部分。比方说你买了一辆自行车，过了几天低价在二手市场卖出。此时原价和你的卖出价中间的差价就是你的沉没成本。而且这种情况下，沉没成本随时间变化，你留着那辆自行车的时间越长，一般来说你的卖出价会越低（因为需要考虑折旧）。

大多数经济学家认为，如果你是理性的，就不该在做决策时考虑沉没成本。比如在前面提到的看电影的例子中，会有两种可能的结果。

- 付钱后你发觉电影不好看，但忍受着看完。
- 付钱后你发觉电影不好看，退场去做别的事情。

两种情况下你都已经付钱，所以应该不考虑这件事情。如果你后悔买了票，那么你当前的决定应该基于你是否想继续看这部电影，而不是你为这部电影付了多少钱。此时的决定不应该考虑到买票的事，而应该以看免费电影的心态来作判断。经济学家们往往建议选择后者，这样你只是花了点冤枉钱，而选择前者你还要继续受冤枉罪。

考研过程中也会存在大量的沉没成本。在北京的每个热门大学旁边总会聚集着一群考研大军，有些人甚至连续考研超过6年。考研是需要付出很多的，而事情就是这样，你付出的越多，你就越想得到。当你没有得到的时候，也就越想卷土重来。很多大学生最初决定考研或许只是为了得个硕士文凭或者逃避就业的压力，但随着他们为了考研而付出的东西越来越多，考试的理由便不再那么简单了。考研已经不单单是一场考试，而成了一个符号、一种图腾，成了考生最重要的甚至是唯一的精神支柱。引用一下台湾综艺主持人吴宗宪的一句话，“努力就会有结果，但不一定是好结果。”考研何尝不是如此呢？很多为了一场考试而几年没有享受过一个周末的人照样只能接受失败的结局。考试在某种程度上可以类化为赌博，并不是赌注越大就胜算越大。把考试当游戏的人在失败以后自然云淡风轻，但对于那些投入了太多精力的人来说，接受失败的结果无疑是一件非常残忍的事情，因为他们压的筹码太多了。距分数线只差一分而与成功失之交臂的人实在太多了。要这些人心甘情愿接受失败，谈何容易。所以很多失败的人并不甘心，他们在经历痛苦之后发誓要卷土重来。

还有一些人在失败以后会这么想，我已经为了考研付出这么多了，买了这么多书，上了那么多辅导班，如果因为一次失败就放弃就太可惜了。为了不浪费曾经付出的精力和金钱，一定要再考一次，一定不能浪费曾经为了考研而付出的一切。可是假如你去看电影，发现票忘带了，你应该重新买一张而不是回去找，因为你的一切前期准备都已经成了沉没成本，失去了价值。有些人为了不浪费一张 20 块钱的电影票而宁愿花 50 块钱回家去拿，不要吃惊，这种类似的行为确实存在。有些人为了不浪费曾经为考研而付出的努力而宁愿再浪费一年又一年的青春。既然曾经的努力已经成为了沉没成本，那还有什么放不下的呢？每次考研失败以后都应该重新考虑自己是不是应该再一次考试，而不是去心疼曾经付出的努力，更不用担心浪费了几本考研辅导书。否则，沉没成本只会变得越来越多。

同样，恋爱过程中也会存在大量的沉没成本。以约会为例，一般男女约会的重要行程是吃饭。吃饭当然要埋单，这时，谁付账就成了问题的关键因素了。所谓的社会习俗告诉我们，男方埋单天经地义，而且有可能会博取女方的好感，从而增加了恋爱成功的可能性。但是从经济学角度出发，得出的结论却大不相同。

实际上，恋爱过程中也存在大量的沉没成本问题，而且沉没成本甚至可以影响恋爱的结果。假设男女约会吃饭，花费是 200 元，如果一方埋单，那么投资 200 元，万一双方分手，这 200 元成本是无法收回的，因此属于沉没成本。不仅是金钱，男女双方付出的感情、时间都是沉没成本。这部分成本永远无法回收。所以如果只有单方面的付出，另一方面没有任何付过的话，这段关系从经济学的角度讲其实并不算非常稳固，双向的投入才有可能让这段关系更为牢固。

AA 制是目前用来分担沉没成本的重要手段。它让约会的双方都有了沉没成本，各自都有投入，使得双方都会重视该恋爱关系。在恋爱过程中，沉没成本的存在，使得付出沉没成本的人能重视本次恋爱并推动恋爱关系朝着成熟和婚姻方向发展，或者会更直截了当地断绝这段关系。当然，任何事物总有其两面性，沉没成本的存在，其正面效应是男女恋爱关系严肃化，约束了双方转向其他投资的概率，其反面效应，则是使双方都不敢恋爱，因为害怕产生大量的沉没成本。

有一个老人特别喜欢漂亮的瓷器。有一天，他在市场上发现了一件漂亮的瓷器。买完后他把这个宝贝绑在自行车后座上，兴高采烈地骑车回家。谁知由于瓷瓶绑得不牢靠，在途中咣当一声从自行车后座上滑落下来以后摔得粉碎。这位老人听到清脆的响声后居然连头也没回继续向前骑车。这时，路边有热心人对他大声喊道：“老人家，你的瓷瓶摔碎了！”老人仍然是头也没回地说：“摔碎了吗？听声音一定是摔得粉碎，无可挽回了！”不一会儿，老人家的背影消失在了茫茫人海中。

沉没成本就是溅出的牛奶，不需要为他哭泣，更不要买个吸尘器试图回收它。

1.7 激励是反应的原因

美丽女教师的课男生总会按时参与；如果按时交作业能获得期末考试加分，那所有人都会交；商店打折，购买的人就会多；球赛胜利的班级能获得全校的尊敬，全班的人都会为此全力以赴。这些都是个体或者团体的一般行为，其内在含义就是人们会对激励进行反应。

人的行为动机各种各样，包括宗教信仰、嫉妒、同情等。但是消费者和企业对经济激励的反应是始终如一的。这一点看起来很明显，但是却往往被忽略。例如，《华尔街日报》曾刊载过的一篇文章，FBI（美国联邦调查局）无法理解为什么在抢劫与日俱增的情况下，银行不采取措施提升安全保障能力。“FBI 官员建议在银行大门外安排穿制服的武装保安，而且在营业窗口前安装被称为‘劫匪克星’的防弹塑料板。”但是令 FBI 官员吃惊的是，没有几家银行采纳他们的建议。该文还指出，安装防弹塑料板的成本为 1 万~2 万美元，一个训练有素的银行保安年薪和福利为 5 万美元，而一次银行抢劫的平均损失仅为 1 200 美元。银行的经济激励是明显的，承受抢劫风险比采取额外安保措施成本更低。银行对抢劫的潜在威胁的反应可能令 FBI 感到吃惊，但是不会让经济学家吃惊。

人们会对激励做出反应这个原则似乎每个人都能明白。如果你的老板宣布对于每月全勤的员工给予双倍薪水奖励的话，有人会迟到么？当你知道公司有这样的奖励机制，可能你会不惜一切代价以保证自己全勤。这就是你对激励所做出的反应，当然它不仅仅这么简单。如果你坐公共汽车去上班需要 1 小时，车费是 5 元的话，坐出租汽车只需要 20 分钟，而车费是 20 元，你现在的选择是坐公共汽车上下班。但是如果公交公司进行了某种“激励”，将票价提升了一倍，可能不少像你一样的人会选择坐出租车上下班，而出租公司则会因为乘客数量的增长或者增加运营车辆或者相应调高出租车价格。总之，我们这个社会很多因素都像网络一样相互关联、相互联系。一种激励不但会得到人们的反应，还会引发更多的反应，甚至是发出激励的人开始时想不到的一些反应。如果抢银行只需入狱而不需要退还赃款的话，恐怕所有的银行都会关门了。

同样，在企业管理中，激励是提高效率和员工积极性的重要手段，如花旗集团。花旗集团实行业绩管理和目标管理方式，更倾向于采取开放式考核管理。花旗对员工考核的依据就是员工对年初所制定的目标的实现情况。

花旗的开放式考核

每年年初，员工都要设定自己的年度工作目标，年底对一年的工作进行评估。花旗对员工业绩的考核实行“四方认可”制，即员工本人、员工的直接主管、员工主管的上级、人力资源部主管四方必须签字认可最终的考核报告，实行完全开放和透明的考核机制。员工先对工作进行评述，并由上级进行审核，给出综合的评分，经员工与直接主管双方签字认可后，再将考核报告呈交给直接主管的上级，签字认可后最终呈报给人力资源部签字并存档。

一般情况下，花旗集团员工的考核结果分为优异、称职、不称职三种情况。对员工的考核与评定将直接影响花旗员工的加薪晋升机会，花旗将根据考核结果对员工采取赏罚分明的激励措施，为表现突出的优秀员工加薪、升职，给予他们更多的培训机会以及海外工作机会；同时，对于不称职的员工，公司也将给予必要的提醒。显然，他们得到诸如加薪、晋升、培训等的机会将大大少于优秀员工。

花旗的激励手段

在对员工科学考核的基础上，花旗集团通过各种手段与方式对员工进行激励，肯定员工成绩，鞭策员工改进工作中的不足。作为全球最大的金融机构，花旗集团建立了完善、科学的激励体系，并随着市场与公司的发展情况进行及时的调整。

1. 红包

每年年底，每一名员工都会得到花旗奖励的红包，奖励员工一年的辛勤贡献。根据员工的业绩表现不同，奖励的金额不等。

2. 海外旅行

花旗集团中国区表现突出的员工，还将被奖励赴澳大利亚等地旅游，并可以携带一名家属。这种激励方式不但对员工起到有效的激励作用，增加了员工的忠诚度，还赢得了员工家属的理解和支持，让他们感到自己的亲人在一个人性化的氛围中工作，也增强了家属对员工的自豪感。

3. 期权

花旗集团有完善的员工激励机制。除了对工作业绩出色的员工给予奖励外，花旗还给予他们期权，使银行利益与员工个人利益紧密联系在一起。

4. 职位晋升

激励还包括员工职位的晋升。花旗鼓励员工承担更大的责任，让他们稳步成长为优秀的金融专业人才。每一次职位的晋升，每一次给员工设定更大的目标，每一次对员工的挑战，都激励着花旗员工奋勇向前，为给公司创造更优秀的业绩，为实现自己的职业梦想而努力。

5. 培训

各种各样的培训机会也是花旗集团重要的激励手段。在花旗，表现突出的员工将得到更多的培训机会，将被派往马尼拉的花旗亚太区金融管理学院甚至美国总部进行学习，全面提高各种技能，提高领导力，开拓国际化视野，为担当更大责任做准备。

6. 精神与物质激励并重

在花旗集团对员工的激励手段中，许多时候物质与精神的奖励并重，并结合在一起。例如，“花旗品质服务卓越奖”（Citigroup Quality Service Excellent）奖励那些在公司内部服务与外部服务方面都表现出高品质的员工；花旗每年都设有“最佳团队奖”，奖励那些完成重大项目的团队，如完成了某个项目，提高了工作效率等，一般表现突出的前5%的员工才会得到这些奖励。在花旗中国，每年10月进行员工评比，由人力资源部组织并参与，对候选人与团队进行评估与讨论，11月公布评比结果。评选结束，花旗集团会为员工颁发有花旗全球总裁签名的奖状和奖杯，以及相应的物质奖励。

由此，企业只有采用了有效的激励措施，才能实现效率最大化，激发更积极的工作态度。之所以会有各种不同的激励措施，是因为随着一种东西的不断增加，它的边际效用会降低，这是本章第4节所讲的内容。

1.8 大学里也有利益分配

利益分配是一个无法回避的问题，大学也是如此。叶知秋进入大学的第二年恰逢学校新建了一幢教师宿舍楼。在进行宿舍楼分配的时候，所有在社会上发生的关于利益分配、争夺资源的情况在大学的校园内同样出现了。利益的分配本身就是一种经济行为，任何人都无法避免。还是那个原因，资源的稀缺性。

在一个荒凉的小岛上，生活着七个平凡的人，他们每天赖以生存的食物就是一锅粥。这样每天的分粥工作就显得相当的重要。大家共同推举了一位德高望重的人来担当此任。起初，此人办事公道，秉公分粥。可是，好景不长，没有超过一个月，他就开始腐败了，巴结他、对他溜须拍马的人，每天分到的粥就多，反之分到的就很少。有的人吃饱了还有剩余，有的人每天挨饿。这当然引起了大家的不满。于是，分粥人被罢免，由大家推举的另外一个人接替了工作。结果此人照样重蹈覆辙。

通过这两件事，大家对现行的分粥制度失去了信心。经过讨论，决定成立一个“分粥委员会”和一个“监督委员会”，以保证分粥的公正性。从此，每次分粥之前，“分粥委员会”和“监督委员会”就分粥方案总是展开激烈的争论才能达成共识。粥分得是公平了，但是，等轮到大家喝时才发现，粥已经凉了。这显然也不是个好办法。

最后，大家决定随便推举一个人来分粥，但同时规定，分粥人先把粥分成七份，让其他的六人先挑，剩下的一份才是他自己的。从此之后，每人分到的粥就像用最精密的器具称量过一样平均，并且每次都能喝上热粥，大家再也没有意见了。

在一个企业中，需要投入的生产要素有生产资料资本和人力资本两大类。投资就要获得收益，尤其当企业需要“自负盈亏”时。如果盈利与生产资料的所有者无关，而亏损要由其承担，这就不合理了，显然也就没有人愿意去投资了。所以，从生产要素的构成讲，所有参与生产的要素都应当获得其“相应”的利益分配，这才是合理的。关键在于什么是“相应”的利益，其具体数额和比例如何确定。

有个测试能清楚地表达对利益分配的考量。五个海盗抢到了100颗宝石，全部大小一致，都同样价值连城。他们抽签决定自己的号码（1、2、3、4、5）并决定按以下方案分配。

首先，由1号提出分配方案，然后大家表决，当且仅当超过半数的人同意时，分配方案按照他的方式进行，否则他将被扔进大海喂鲨鱼。

如果1号的方案没有通过而被处死，将由2号提出分配方案，剩下的4人进行表决，当且仅当超过半数的人同意时，按照他的方案进行分配，否则将被扔入大海喂鲨鱼，以此类推。

条件：每个海盗都是很聪明的人，都能理智地做出判断，从而做出选择。

问题：第一个海盗提出怎样的分配方案才能使其收益最大化？

我们先来看看4号和5号的反应。很显然，如果最后只剩下4号和5号，无论4号提出怎样的方案，5号都会坚决反对。即使4号提出自己不要钻石，而把100颗钻石都给5号，5号也不会答应——因为5号愿意看到4号被处死（毕竟是海盗，为了自己的安全考虑，5号应该会这么做的）。假设如此，5号最后顺利得到100颗钻石，因为4号的方案绝对无法获得半数以上票数而通过。如果轮到 4 号分配，4 号只有死路一条！

由此可见，4 号绝对不会允许由自己来分配。他注定是一个弱者中的弱者，他必须同意 3 号的任何方案，或者 1 号或 2 号的合理方案。可见，如果 1 号和 2 号死了，轮到 3 号分，3 号可以说："我自己 100 颗，4 号和 5 号 0 颗，同意的请举手！"这时候，4 号为了不死，只好举手，而 5 号暴跳如雷地反对，但是没有用。因为 3 个人里面有 2 个人同意，通过率 66.7%，大于 50%！

由此可见，当轮到 3 号分配的时候，他自己 100 颗，4 号和 5 号都是 0 颗。因此，4 号和 5 号不会允许轮到 3 号来分。如果 2 号能够给 4 号和 5 号一些利益，他们会同意的。

比如 2 号的分配方案是，98、0、1、1，那么，3 号的反对无效。4 号和 5 号都能得到 1 颗，比 3 号来分配的时候只能得到 0 颗要好得多，所以他们不得不同意。

由此看来，2 号的最大利益是 98 颗。1 号要收买 2 号，是不可能的（除非给 2 号的钻石大于 98 颗，比如，0、99、1、0、0，但是这不符合 1 号将自己的利益最大化的原则）。在这种情况下，1 号可以给 4 号和 5 号每人 2 颗，自己收买他们。这样，2 号和 3 号反对是无效的。因此，1 号的一种分配方案是，96、0、0、2、2。

这是不是最佳方案呢？再想一想，1 号也可以不给 4 号和 5 号各 2 颗，而只需要 1 颗就搞定了 3 号，因为如果轮到 2 号来分配，2 号是可以不给 3 号的，3 号的获益只有 0 颗。所以，能得到 1 颗，3 号也该很满意了。所以，最后的解应该是，97、0、1、2、0。

好，再倒推。假设 1 号提出了 97、0、1、0、2 的方案，1 号自己赞成。2 号和 4 号反对。关键就在于 3 号和 5 号会不会反对。假设 3 号反对，杀掉 1 号，2 号来分配，3 号自己只能得到 0 颗，显然，对于 3 号并不划算，因而他不会反对。如果 5 号反对，轮到 2 号、3 号、4 号来分配，5 号自己最多只能得到 1 颗。

所以，3 号和 5 号与其各得到 0 颗和 1 颗，还不如现在的 1 颗和 2 颗。

正确的答案

标准答案应该是，由 1 号分配，依次是 97、0、1、0、2，或者是 97、0、1、2、0。

这就是利益分配的核心，充分考虑所有参与人的具体情况，采用理智的分配方式，让每个人各得其所。

从中可以看出，分配所考量的是每个人的接受程度，相对而言较好就能促成分配方案的可行性。

第 2 章

市场决定一切

2.1 交换产生帕累托最优

大学宿舍中有一种奇特的原始交易，那就是物物交换。通常每个学生身边总会有一些不用的或者是很少用的东西。例如，一个人有两部手机，另外一个人有两件相同的衣服，那么可能会出现一个人拿一部手机去交换另一个人的衣服的情况。这实际上不自觉地达成了**帕累托最优**的状态。

> **帕累托最优**是指资源分配的一种理想状态。

假定有一群人和可分配的有限资源，如果从一种分配状态到另一种状态的变化中，在没有使任何人的境况变坏的前提下，使得至少一个人的境况变得更好，这就是帕累托改进。帕累托最优的状态就是不可能再有更多的帕累托改进的状态。换句话说，不可能再出现改善某些人的境况而不使任何其他人受损的情况。

帕累托最优只是各种理想态标准中的“最低标准”。也就是说，一种状态如果尚未达到帕累托最优，那么它一定是不理想的，因为还存在改进的余地，可以在不损害任何人的前提下使某些人的福利得到提高。但是一种达到了帕累托最优的状态并不一定真的很“理想”。比如说，假设一个社会里只有一个百万富翁和一个快饿死的乞丐，如果这个百万富翁拿出自己财富的万分之一，就可以使后者免于死亡。但是由于这样无偿的财富转移损害了富翁的福利（假设这个乞丐没有什么可以用于回报富翁的资源或服务），因此进行这种财富转移并不是帕累托改进。而这个只有一个百万富翁和一个饿死乞丐的社会可以被认为是帕累托最优的。（这里可以与古典功利主义的标准进行比较。按功利主义的标准，理想的状态是使人们的福利的总和最大化的状态。如果一个富翁损失很少的福利，却能够极大地增加乞丐的福利，使其免于死亡，那么社会的福利总和就增加了，所以从功利主义的角度看，这样的财富转移是一种改善，而最初的极端不平等状态则是不理想的，因为它的福利总和较低。可以看到，帕累托改进要求在提高某些人福利的时候不能减少任何一个人的福利，而功利主义则允许为了提高福利总和而减少一些人的福利。）

在许多方面都有能够达到帕累托最优的选择。五个人等同一辆车，车到时仅有一个空位。如果都能上车，自然五人都能受益，但车上其他人会受挤，利益受到侵害。如果都不上车，空位又会被浪费掉。此时的最优选择是只上一个人，这个人的处境改善了，其他四人的处境也并未受到损害，总福利还是增加了。

这种情况在现实生活中总能遇到。8 个人要打车从学校去 KTV，等了老半天才来 1 辆出租车，1 辆车只能载 4 个人，我们自然会让 4 个人先走，其余的人继续等出租车，而不会一定要等到 2 辆出租车同时到，8 个人同时出发。

达到帕累托最优有三个条件。

交换是不同的所有者出于自愿以和平商讨的方式，同时对等地对换各自不同的物品。

1. 交换最优

即使再交易，个人也不能从中得到更大的利益。此时对于任意两个消费者，任意两种商品的边际替代率是相同的，且两个消费者的效用同时得到最大化。

2. 生产最优

该经济体必须在自己的生产可能性边界上。此时对于任意两个生产不同产品的生产者，需要投入的两种生产要素的边际技术替代率是相同的，且两个生产者的产量同时得到最大化。

3. 产品混合最优

经济体产出产品的组合必须反映消费者的偏好。此时任意两种商品之间的边际替代率必须与任何生产者在这两种商品之间的边际产品转换率相同。

帕累托最优产生的根本原因就是交换。获取物品的途径和方法有10种：①从自然中取得；②抢夺；③诈骗；④制造生产；⑤乞讨；⑥分配；⑦在别人的帮助下取得；⑧别人给予；⑨在慈善活动获得；⑩交换。分析这些物品转换的情况，有两条线索：①是否自愿；②是否双向。物品的转换可以分成三种：①非自愿且单向；②自愿单向；③自愿双向。交换与其他方法有什么不同，其他方法都是单方面获得和取得，而交换是双向自愿的。

交换是一种非常特殊的方式，具有一些特点。交换首先是出于需要的原因（需求指引）；交换的物品不是同一所有者所有（非亲关系）；交换是两种不同物品以相当的数量进行对换（对等物品）；交换是物品同时换手（即时易手）；交换是以和平商讨的方式进行（和平商讨）；交换是对物不对人，也就是说，交换是要与什么物品交换，不一定要与什么人交换（非对象性）；交换是自愿的（自愿原则），自愿要求交换是自由和平等的。

土豆炖牛肉的例子能很好地说明交换。

很久以前，在一个村庄里，住着 30 多户人家，他们都过着自给自足的简朴生活。其中有两户人家，一个是牧羊人，另一个是农夫。牧羊人家里养了很多健壮的奶牛和绵羊，然后生产牛羊肉自行消费；农夫有一块肥美的田地，以种植土豆为生。

无论艳阳高照还是暴风骤雨，他们每天都要工作 8 小时来生产牛肉和土豆，才能维持生计。他们觉得这样很好，彼此之间也从未想到用自己的东西来跟对方交换。这种情况经过 N 年之后依然没有什么变化，直到有一天，牧羊人捡到一块土豆，不小心将土豆掉进了牛肉汤里，当他品尝到跟以前完全不一样的美食时，他突然对自己的牛羊肉充满了反感。这时候，每天闻着隔壁美味肉汤的农夫，也开始讨厌自己的土豆食品。他们彼此相望，便心照不宣地进行了食品交换。就这样，自给自足的经济格局被打破。

简单的交换之后，大家都尝到了甜头。随着社会的发展，牧羊人和农夫都可以生产对方的产品。不过他们选择怎样分配自己的产品呢？他们每天的工作时间都是 8 小时，牧羊人生产 0.5 千克土豆的时间是 30 分钟，生产 0.5 千克牛肉的时间是 40 分钟，而农夫生产 0.5 千克土豆的时间是 15 分钟，生产 0.5 千克牛肉的时间是 80 分钟。那么他们的生产函数如表 2-1 所示。

表 2-1　牧羊人和农夫生产土豆和牛肉的时间和产量

时间与产量	生产 0.5 千克土豆时间（t 分钟）	生产 0.5 千克牛肉时间（t 分钟）	8 小时平均产量（n 千克土豆）	8 小时平均产量（n 千克牛肉）
牧羊人	30	40	16	12
农夫	15	80	32	6

这样的一种状况使得农夫和牧羊人都有自己的相对优势。牧羊人更适合生产牛肉，农夫更适合生产土豆。这样的状况将会维持不变，交换使得他们的生活变得更好。

2.2 需求与供给是市场的根基

叶知秋上大学的这一年正好是大学扩招的第一年，新进大学生 212 万。从这一年起，中国的教育逐步趋向市场化。在高等教育市场上维持着需求大于供给的状况。中国的大学数量有限，特别是能提供高质量教育的院校数量稀少，而每年期望上大学的适龄人口量巨大，在庞大的需求冲击下，供给的口一松就

需求指大众因需要一件产品而产生的要求。

供应就指贩商响应大众的需求而提供的产品供给。

一发不可收拾了，以后逐年递增。刚入学的叶知秋对大学充满幻想，并引以为豪。直到毕业的那一天，他才幡然醒悟大学生在人才市场上已经沦为“白菜价”。

大学毕业生**供给和需求的**相对状况改变了。任何劳动力市场上就业状况的好坏，都取决于供给和需求两个方面。高校扩招带来的毕业生规模的大幅度增长越来越明显。1998 年高校毕业生数还仅为 83 万人，2007 年已经达到 500 万，2015 年高校毕业生达到 749 万，是 1998 年的 9 倍。大学生是劳动力市场上人力资本较高的群体，与其他群体的劳动力相比，在就业竞争中应该具有优势；但是中国的比较优势仍然是劳动密集型经济，新增加的就业岗位仍然以劳动密集型岗位为主，对普通劳动力和技术工人的需求量更大。这样，大学毕业生快速增长的供给和较少的需求，就造成了不匹配问题。而大学生的在人才市场上的价格由需求和供给决定，进入大学需求远大于供给，所以学费高昂。毕业后人才供给大于市场需求，大学生成为廉价劳动力的代名词，如图 2-1 所示。

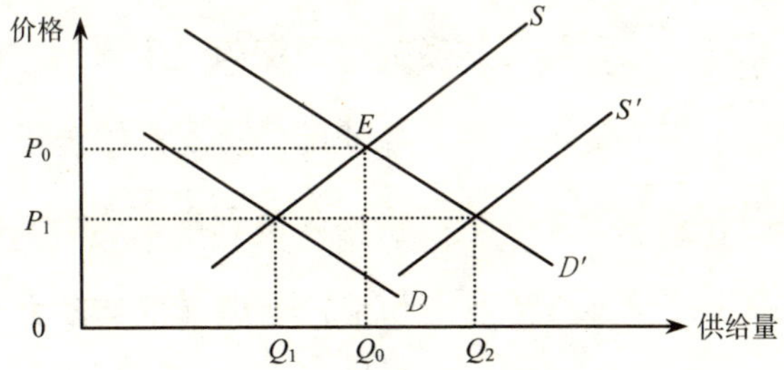

图 2-1　需求和供给与价格的关系

（需求 D 上升引起供给 S 上升和价格上升，供给 S 上升引起需求 D 的增加和价格的下降。供给曲线与需求曲线的相交点 E 是均衡点，均衡点对应的价格 P，是均衡价格）

实际上需求包含两层含义。首先，需求来自消费者的嗜好或偏好，是一种纯粹的主观上的需要；其次，需求应该是有支付能力的需求，即能够购买得起。假如一个人很有钱，买得起高档时装，但他对时装不感兴趣，也不打算买，他就构不成对时装的需求；另一个人，很喜欢时装，也想买，但又没有支付能力，他同样构不成对时装的需求。只有主观上有买时装的欲望，客观上又具有支付能力的人，才能构成对时装的需求。

供给是与需求对称的一面。我们常提到市场，市场是由买方和卖方构成的，只有买方或者只有卖方，交易不会发生，市场就名存实亡。这里的买方就是需求方，卖方就是供给方。供给实际上就是提供商品。这些商品包括手机、石油、大米、飞机、衣服等各种可以交易的东西，当然也包括了市场化的教育。

供给与需求达到平衡，就会形成一个均衡价格。价格机制是市场机制最重要的组成部分。在市场经济中，资源的配置通常都是通过价格的变化来调节的。它的调节过程可以这样来描述，当某一部分的资源价格高于市场均衡价格，那么更多的资源流向这个部分，资源供给增加造成资源价格的下降，资源价格下降使部分资源开始流出这个部分，从而又使价格有回升的动力……最终价格恢复到市场均衡价格。

同样，大学生毕业后就业也能产生所谓的劳动力市场均衡，这是指在某一市场工资率下，劳动力需求正好等于劳动力供给这样一种情况。此时的工资率即为均衡工资率或市场出清工资率，在这一工资率下通过市场实现的就业量即为均衡就业量。

如图 2-2 所示，D 和 S 分别为市场劳动力需求曲线和市场劳动力供给曲线，D 和 S 相交所决定的工资率 W_0 和就业量 E_0 分别为均衡工资率和均衡就业量。

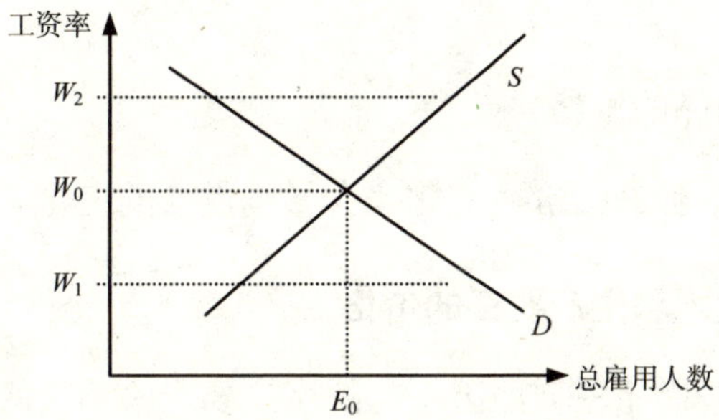

图 2-2　单一竞争性劳动力市场的均衡

在任何高于 W_0 的工资率下（如 W_2 时）都会存在过度的劳动力供给，因为较高的工资率既会减少企业的劳动力需求数量，也会增加愿意供给的劳动力数量。在自由竞争的劳动力市场上，这种工资率不会持久，因为失业工人的存在将会对工资率产生一种向下挤压的力量。当然，工资率也不会长久地低于 W_0，如处于 W_1 状态，因为工资率为 W_1 时，劳动力需求超过劳动力供给，存在劳动力短缺的问题，企业为得到足够的劳动力，将不得不提高工资率，直到 W_0。可以断定，在特定的劳动力供给曲线、劳动力需求曲线和有竞争性的劳动力市场中，将有且仅有一个单一的工资率，这个工资率就是经济中的均衡工资率。

同时，供给也不仅仅是由现有的需求决定的，它取决于多方面的因素。影响商品或服务供给的因素很多，既可能有经济因素，也可能有非经济因素。一般来说，有以下几种。

1．商品的价格

在影响某种商品的供给的其他因素（如生产该种商品生产要素的价格）既定不变的条件下，商品的价格越高，生产者愿意供给的产量当然会越高。

2．其他商品的价格

替代品或互补品的价格变化也会影响供给的变化。

3．生产技术和生产要素的价格

技术进步或由于任何原因引起的生产要素价格下降，将由于单位产品的成本下降而使得与任一价格对应的供给量增加。

4．政府的政策

对一种产品的课税将会使售价提高，在一定条件下可以通过需求的减少而使供给减少。反之，降低商品租税负担或政府给予补贴，可以通过降低售价刺激需求，从而引起供给增加。

5．企业对未来的预期

如果厂商对未来的经济持乐观态度，则会增加供给。如果厂商对未来的经济持悲观态度，则会减少供给。

换一句话说，就是供应和需求决定了市场的价格，如图 2-3 所示。

既然商品的价值是通过价格表现出来的，价值规律作为商品经济中的必然趋势，自然通过价格运动来表现。

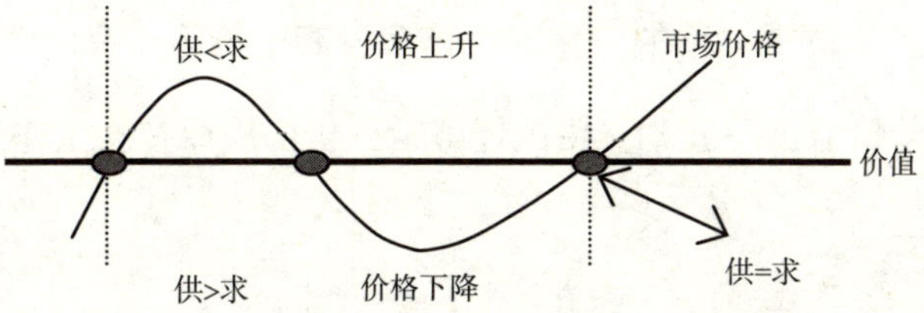

图 2-3　商品的市场价格围绕其价值上下波动

金属货币自身的价值量的变动，或纸币等符号货币所代表的价值量的变动，是影响商品价格的重要因素。如果货币代表的价值量不变，商品价值量的增减，会引起价格同幅度的涨跌。反过来，如果商品的价值量不变，货币代表的价值量的增减也会导致价格的涨跌——货币代表的价值增加则价格下跌，反之则价格上涨。如果货币代表的价值量与商品的价值量同时按相同方向和同比例变化，则价格不变。当然，你还可以设想出货币代表的价值与商品价值同时按不同方向和不同比例变化的种种复杂情况，但基本的规则只有一个，价格水平与商品价值量的变化成正比，与货币价值量的变化成反比。这也能很好地解释为什么中国人民银行发行的货币量大，商品价格就会提高。

供求关系也会影响到商品的价格，使价格围绕价值上下波动，这是价值规律作用的表现形式。

在商品供求平衡的情况下，价值和价格是一致的，但这仅仅是偶然的现象。实际的情况是，商品的供求不平衡，从而导致价格或高或低的走势。当某种商品供过于求时，商品销售者竞相出售商品，价格就降到价值以下；

反之，某种商品供不应求时，购买者竞相购买商品，价格就涨到价值以上。换句话说，随着供求关系的变化，价格有时高于价值，有时低于价值，价格总是围绕着价值上下波动。由此能够看到价值规律在发生作用。

2.3 信息不对称永远存在

有人说学校就像一本小说，在叶知秋看来 A 大学根本就是一篇短篇小说。不，更确切的应该是微型短篇小说。

上学第二天，叶知秋在老乡兼师兄的带领下，进行了校园游。师兄自荐当导游，叶知秋心存忐忑，让初次见面的人陪自己逛几个小时实在过意不去，于是暗下决心，参观完校园一定请师兄吃饭。早上 9 点，师兄到宿舍接叶知秋，一同参观校园。叶知秋表达了自己的意愿，看完校园，请师兄一起吃午餐。师兄愕然，“你说的是早餐吧，不不，我已经吃过了。”参观过程中，叶知秋一直困惑自己的普通话和标准的差距，20 分钟后他明白了，困惑的源头不是普通话沟通的差距，而是**信息不对称**。

> **行为人之间的信息占有的不同称为信息不对称。**

第一眼的感觉并不代表事实的真相。徒步 20 分钟能绕校一周，体育馆、游泳池、标准操场这些其他高校寻常见的设施在这儿只存在于人们的想象当中。校园里能拿的出手并出现在招生简章上的只有食堂，G 大楼还有和某报社共用的 K 大楼。

唯一的一个操场保持着地表本色，每次刮风，到处是漫天的黄土。

一场球赛下来能让非洲土著毫无愧色的说："我是黄种人的后代。"

澡堂是健身房，洗澡需要勇气、体力，更要具备 5 个人同时使用 1 个喷头的耐心与韧性。在晚饭前的高峰期，甚至可以体验双脚离地也能前行的奇妙感觉。

信息和资本、土地一样，是一种需要进行经济核算的生产要素。在市场上有契约关系的行为人才产生所谓的信息不对称。信息不对称造成了市场交易双方的利益失衡，影响社会的公平公正的原则以及市场资源配置的效率，占有信息的人在交易中获得优势，这实际上是一种信息租金。有的高校在招生宣传的时候给你展示学校中最出色的一部分内容，却不展示全部内容，学生看到这些局部信息做出了报考的决定，这就是真正的信息不对称。这种信息不对称在整个市场中永远存在。

信息不对称造成了市场交易双方的利益失衡，影响社会的公平公正的原则以及市场资源配置的效率。占有信息的人在交易中获得优势，这实际上是一种信息租金，实际上信息租金是每一个交易环节相互联系的纽带。

每一个行业都是特殊信息的汇总。生产一种产品需要工程师的专业信息和技术人员的技术信息以及销售人员的市场信息，把产品变成商品进行交换，需要商人的专业渠道信息和价格信息。俗话说，隔行如隔山，这座山其实就是信息不对称，而要获得这些信息是要付出成本（代价）的。信息不对称实际上可以看作对信息成本的投入差异，消费者往往没有对商品的诸如生产信息等信息进行成本投入，这必然与生产者之间产生信息投入成本差异，生产者利用信息投入差异获取利润正是为了补偿先前付出的信息成本。

信息资源如同其他社会财富一样也是一种稀缺的资源。对信息资源的优先占有也会带来相关的财富，当某种信息资源被独占的时候，相应的利益也会被垄断。专利权就是对信息资源的一种独占，英特尔公司的芯片——这种对科技资源的独占使它从容地居于电子计算机产业的金字塔顶端，它的价值占整个计算机产业链的将近一半。当一国经济在世界上举足轻重的时候，它的语言也会成为稀缺的资源，如英语，全球非英语国家每年要为掌握这种语言而支付巨大的成本。先进的文明本身就是一种价值巨大的资源，落后的地区要花钱才能买到，如好莱坞的电影。

在现实经济中，信息不对称的情况如此普遍。其影响如此之大，以至于影响了市场进行资源配置的效率，造成具有信息优势的一方在交易中获取过多的剩余，出现因信息力量对比过于悬殊导致利益分配结构严重失衡的情况，如消费者对所购商品的信息的了解总是不如销售商品的人。因此，卖方总是可以凭信息优势获得商品价值以外的报酬。交易关系因为信息不对称变成了委托-代理关系，交易中拥有信息优势的一方为代理人，不具信息优势的一方是委托人，交易双方实际上是在进行无休止的信息博弈。

信息不对称发生严重的区域一定是双方掌握信息落差大的地方，如贪污。在印象中越发达的地区贪污的比例应该更高，而事实上越是贫困、相对封闭的地方，贪污的比例就越高，因为当地官员比普通人掌握了更多的信息，双方的信息差距极大，这就是为什么“小官”可以“大贪”，这样看来“小官大贪”并不是一件难以解释的事情。绝对的权力导致绝对的腐败，如果失去了制约和监督，权力不论大小都可能腐败，只是腐败的程度因权力的大小有所不同而已。虽然基层官员是处于权力体系末梢的“小官”，但一旦其拥有了“大贪”的机会也更容易产生大的腐败，因此要防微杜渐。

农村地区信息不对称产生的原因

首先，农民的信息贫瘠造成信息不对称。农民的信息贫瘠包括两个方面：对国家相关政策的了解不足和维权知识的极度匮乏。不了解政策便无法监督，不懂维权便不会维权。而与之相对应的是某些基层干部熟知内情，并熟知怎样维护自己的权益，怎样“糊弄”农民，因此即使农民有所警觉也能够被其轻易地掩饰和压制下去。信息的不对称使农民与村官不能处于同一个制约的平台，使监督和维权沦为空话。

其次，农村信息渠道堵塞造成信息不对称。农村不像城市那样时刻处于现代媒体的关注下，有任何风吹草动都会被外界和上级及时获知。在农村，信息的向上反馈只能依靠基层领导来转达，而同时上级领导又习惯于通过基层干部了解情况，这就使基层干部充当了基层信息流通渠道的角色。当信息经过这个渠道时，一些弄虚作假的基层干部便故意隐藏不利于自己的信息，甚至是编造有利于自己的虚假信息，结果造成上级领导对基层情况做出了错误的认知和判断，进而放松了对作奸犯科者的监督。

第三，基层干部抱团造成信息不对称。由于基层干部长期接触的只是普通百姓，因此往往官本位意识更加强烈，更容易抱成团。这种抱团现象容易在官场上造成这样一种排斥局面：只有腐败圈内的人、腐败链条上的人才有可能洞悉内情，其他的官员都是被有意排斥和防范的对象。如果被排斥的官员本身消极作为，腐败也就更为顺利。

“小官”得以“大贪”，正是由于其处于信息不对称所形成的监督真空中。

2.4 垄断的学校食堂

叶知秋上学的时代 A 大学的食堂还是计划经济下的产物。多年以后 A 大学东区的学生总结了食堂的三大定律。

- 不等式定律：3 两＋1 两>2 两＋2 两>4 两。
- 衰减指数定律：食堂装修后开张和新学期开始后，饭菜质量和分量呈指数级衰减。
- 多功能定律：食堂不仅具有普通食堂的功能，它还具有小卖部、录像厅、自习室等多种功能。

在叶知秋四年的大学生涯中，学校食堂经历过抗议、签名运动、罢吃等多种群众活动，却一直本色不改，直到食堂三层外包给另外一家餐饮公司，才发生了些许转变。在笔者看来，这是**强迫性垄断**与**双寡头垄**

断的双重结果。学生食堂是学校后勤保障部的资产，在 A 大学东区只有一个学生食堂，之所以只有一个食堂是校方干预的结果，学校期望能通过一个学生食堂来为学生提供服务，不仅易于管理，更能在学生有需求的情况下提供更好的服务，事实证明这是一个不明智的决策。食堂强迫性垄断的结果造就了一批不思进取的大厨和服务员。

在一个市场上只有两个参与者——它们都提供存在某些差别但却是可替代的产品的情形下称为**市场双寡头**。

强迫性垄断是垄断形式的一种。当一家公司成功地运用强迫力量阻绝了所有竞争的可能性时，便产生了强迫性垄断。一家公司可能会通过非法的或非经济上的手段（如勒索）来达成强迫性垄断。一家公司也可以通过非强迫性的方式（如直接在市场上击败其他所有竞争者）达成垄断目标，一旦公司成为了唯一的供应者，在理论上便将能建立起一道强制性的“入口障碍”，阻绝其他竞争者的进入。这种形式的垄断最知名的一个例子是在 1920 年代的美国，禁酒令的实行导致大量非法走私和贩卖酒类的犯罪集团出现。其中，最知名的走私集团之一是芝加哥的艾尔·卡彭（Al Capone），他利用贩卖走私酒的暴利在芝加哥建立起一个庞大的犯罪帝国，并借由暴力或恐吓等手段阻止其他竞争者加入。然而，这个例子恰好说明了政府干预所造成的后果——公开的酒类制造和贩卖都被法律禁

强迫性垄断（Coercive monopoly）是垄断的形式之一，在这种垄断下公司能够自行决策价格和生产，无须受到任何竞争力量影响，因为所有潜在的竞争力量都已被阻绝于市场之外了。

止，然而却无法禁止市场上对酒类的需求，于是走私和私酿酒类有大量利润可图，而这些非法生意都没有贸易的契约基础。

在学生签名抗议之后，食堂进行了改革，引进了一个同行业的竞争者，在三楼开辟了一个同等面积的学生食堂。实际上，这并非意味着引入了完全的市场竞争，这仅仅是给市场带来了另一个寡头，形成双寡头垄断的局面。这两个食堂提供几乎完全一致的食物。因为同样在学校后勤保障中心的管理下，无法出现竞相压价抢占市场份额的情况，最终双方自然形成协议定价，共同瓜分市场，获取高额的垄断利润。

垄断也会从自由竞争中成长起来。企业为了攫取更多的剩余价值，必然会采取先进的生产技术和科学的管理方法，实行专业化生产和协作，提高劳动生产率。在激烈的竞争中，大企业往往凭借自己在经济上的优势，不断排挤和吞并中小企业，使生产资料、劳动力和劳动产品的生产日益集中于自己手中。同时，信用制度和股份公司的发展，突破了单个资本的局限，加速了资本集中的发展，从而也推动了生产集中的发展。生产和资本的集中发展到一定程度，则意味着企业数目减少，1 个行业的大部分生产都集中在几个或十几个大企业手中，它们之间比较容易达成协议，共同操纵行业的生产和销售，从而使垄断的产生具有可能性。少数大企业的存在，使中小企业处于被支配地位。也有少数大企业之间为了避免在竞争中两败俱伤，保证彼此都有利可图，也会谋求暂时的妥协，达成一定的协议，从而使垄断的产生具有必要性。自由竞争引起生产集中，生产集中发展到一定程度必然走向垄断，这是自由竞争的资本主义发展到垄断资本主义阶段的一般的、基本的规律。

垄断的基本原因是进入障碍。也就是说，垄断者能在其市场上保持唯一卖家的地位，是因为其他企业不能进入市场并与之竞争。进入障碍产生垄断的原因有三个。

- 资源垄断：关键资源由一家企业占有。
- 政府创造垄断：政府给予一家企业排他性地生产某种产品或劳务的权力。
- 自然垄断：一家生产者比其他生产者更有效率。

垄断能产生暴利，这在自由竞争的市场上是不被允许的。1870 年，洛克菲勒在俄亥俄州创建了标准石油公司。到 1879 年年底，标准石油就已控制了全美 90%的炼油业。1886 年，标准石油公司又创建了天然气托拉斯，并最后定名为美孚石油公司。1890 年，标准石油公司成为美国最大的原油生产商，垄断了美国 95%的炼油能力、90%的输油能力、25%的原油产量。标准石油公司对美国石油工业的垄断一直持续到 1911 年。随着规模的不断膨胀，标准石油也成为“欺诈、高压、行使特权”的代表，首当其冲受到批判。1890 年，美国政府颁布《谢尔曼法》，美孚石油托拉斯不得不解散。美孚石油公司被分成 38 个独立的企业，各自成立董事会进行经营，当今世界 500 强之一的埃克森-美孚就是洛克菲勒石油帝国的一个分支。

身为全球最大的软件商，1975 年成立的微软公司在全球个人电脑操作系统等软件市场占有巨大的市场份额。2004 年，欧盟认定微软公司凭借其在个人电脑操作系统领域的优势地位打压竞争对手，要求微软公司限期提供不带自身媒体播放器的视窗操作系统版本，并向服务器软件行业的竞争对手开放兼容技术信息，当时欧盟对微软开出了4.97亿欧元的巨额罚单，2007年经过三年的诉讼，微软最终同意交纳了这笔罚款。

2.5 被掏空的预算

捆绑销售是一种市场营销手段，指出售两种产品的商家，要求购买其中一种商品的客户，也要购买另一种商品。

开学后高年级学长在叶知秋所在宿舍成功推销了一双皮鞋、三双运动鞋、三个手机、四个耳机、扑克、象棋、钢笔和几打袜子。在网络不够发达的年代，这在大学里是传统。这在开学的头两个月。有些富有商业意识的高年级同学，会以关怀新生的名义，背着从学校附近批发市场倒来的廉价货，到每一个新生宿舍挖掘财源，并且常常是**捆绑销售**，买手机附教学讲义。而这些新生也会很配合地为高年级同学的生活费埋单。随着这种针对新生的销售活动的结束，所有购买商品的使用期也宣告到期，那一周，楼道的垃圾桶里堆满了破袜子。这在学生中通常被看作是成长的一个必经阶段，那一个礼拜能消耗掉新生一个月的财务**预算**。于是，叶知秋伙同宿舍同学甚至拟订了一个针对下一年度新生的商品销售计划，就在这个计划快进入实

预算表示消费者所能购买的不同商品数量的全部组合。

施阶段的时候，学校通知下一届的新生不回学校本部，全部到廊坊学习一年，回到北京本部的时候已经是大二了。这一批经过一年商业化管理的学生，让各年级的老生都打消了捞本的打算，并捂紧了自己的钱包。

实际上，捆绑销售的方式有其特有的优势。

- 捆绑销售可以降低销售成本。通过学习交流获得学习成果；通过共享销售队伍提高营销效率，降低销售成本；通过与生产互补产品的企业联合广告降低广告费用。
- 服务层次的提高。通过与其他企业共享销售队伍、分销渠道，使顾客能够更便于购买，得到更好的服务。而提高产品的差异性可以增强顾客的忠诚度。
- 捆绑销售可以达到品牌形象的相互提升。弱势企业可以通过与强势企业的联合捆绑，提高企业产品和品牌在消费者心中的知名度和美誉度，从而提升企业形象和品牌形象。强势企业也可以借助其他企业的核心优势，使自己的产品和服务更加完美，顾客满意度进一步增强，品牌形象也更优化。
- 增强企业抗风险能力。通过企业间分工协作，优势互补，形成大的虚拟组织，提高企业抗冲击的稳定性。以虚拟的组织模式变"零散、弱小的船只"为强大的"航空母舰"。
- 可以逼近帕累托最优。意大利经济学家帕累托认为，如果改变资源的配置已经不可能在不损害任何一个人的前提下，使任何一个人的处境变得比以前更好，这意味着社会资源的配置达到了最优状态，即帕累托最优状态。既然共享资源优势互补的捆绑销售可以使联合双方变得比以前更好，那么，社会资源的配置得到了进一步的优化，又向帕累托最优状态前进了一步。

但是不是所有的产品和服务都能随意地“捆绑”在一起？捆绑销售要达到“1+1>2”的效果取决于两种商品的协调性和相互促进性，而不存在难以协调的矛盾。所以，捆绑销售的成功依赖于下列条件。

1. 捆绑销售产品的互补性

联合捆绑销售的产品最好是互补性产品。在捆绑销售中具有战略性的互补产品具有两个特点。

- 他们在销售中被联系在一起或可以被联系在一起。
- 他们对彼此的竞争地位有显著影响。互补产品，使得顾客将他们的形象联系在一起，综合地而不是单独地衡量他们的功能，或者把他们作为一个整体来衡量购买使用成本。

所以，产品的互补性越强说明消费者完全有理由在购买一件产品的同时会需要另一种产品。这就消除了捆绑销售时的“强行搭配”之嫌。那么，捆绑的优惠促销就成为了一种真正的动力而不是阻力。根据交叉弹性理论，一种商品的需求量和它的互补产品的价格是反方向变化的，那么，捆绑产品的降价能刺激彼此的需求，达到相互促进的效果。

相反，假如是替代产品，消费者在选择其中之一的同时，一般不再需要另外一种产品。即两种产品不是相互促进而是相互竞争。那么，两种产品在一起销售就存在一种无形的阻力，浪费了消费者的一部分钱。所以，捆绑销售的两种产品最好是互补产品，至少也应该是独立品，而决不能是彼此竞争的替代品。

2. 捆绑产品目标顾客的重叠性

在捆绑销售中，两种产品的目标市场应有较大交叉的部分。只有这样，才能保证两种或几种同时捆绑销售的产品是你的目标消费者所需要的。假定捆绑产品的消费群落是不同的，则只有不同的消费者同时购物并且达成利益均摊的协议，才有可行性。

例如，曾经有一年，温州奥康皮鞋和温州农行的联合捆绑营销，即持农行卡的顾客在奥康专卖店可以得到一定的优惠。其效果不理想就与两种产品的目标顾客的重叠性太小有关，即大部分温州人是温州工行和建行等其他银行卡的持有人，这些人无法得到捆绑的优惠，而使用农行卡同时也是奥康皮鞋的消费者的人却不多。相反，由于持有农行卡与否带来的购买奥康皮鞋的差别待遇反而引起原有奥康顾客的不满和流失。

3. 产品价格定位的同一性

根据市场营销学的观点，按照人们职业、收入、财富和教育水平等变量可以把社会划分成不同的社会阶层。处于一定社会阶层的人，具有特定的行为标准和价值观，其购买需求层次也是特定的。所以，进行捆绑销售的相互促进，依赖于两个产品都能满足这个需求层次的消费者需求。所以，捆绑产品如果同属于奢侈品，那么，富豪型和小康型社会阶层的消费者会乐于购买；或者捆绑产品同属于廉价品，低收入的温饱型和贫困型消费者更乐于选择。假定捆绑产品处于两个不同的档次，一个为奢侈品，一个为廉价品，则难以协调。因为，贫困型社会阶层的消费者一般舍不得花钱购买奢侈品，尽管奢侈品价格稍低；另一方面，高收入阶层难以接受品质一般的廉价品，因为廉价品的购买对他来说毫无价值甚至有损体面和地位。

叶知秋看到新生不断从高年级学生手中购买东西的时候本以为能实现总效用的增加，高年级学生通过销售商品获取利润，新生通过购买商品减少了外出购物的成本，可以更便捷地得到商品。这本是市场那只看不见的手调节的结果。

可结果是高年级学生采用捆绑销售的方式获取了超额的利润，新生得到的仅是质量非常差的商品，并且无法获得售后服务。最根本的原因就在于高年级学生利用了信息不对称，并且由于不是长期经营，他们便普遍不讲诚信。

2.6 诚信源于预期

叶知秋清楚地知道，高年级同学之所以售卖劣质商品、不讲**诚信**，唯一的原因就是这种商品买卖本身就是一次性交易。建立信誉最重要的是要有一个长期的预期。一个人的预期越长，他的行为就越规范，他就愿意坚持兑现自己的承诺，愿意销售质量更好的商品。可以通过几个方面增强信誉。

> **诚信源于对生命的预期，预期约长越讲诚信。**

首先，要有明晰的产权。产权制度就是使人们有一个稳定的长期、预期的制度。如果你干了坏事，就一定会受到应有的惩罚；如果你做了贡献，就一定能够得到回报，这就是产权制度。如果没有产权制度，你今天干 3 件事，这件事的后果由谁承担，你不知道，可能由你承担，也可能不由你承担。这时候的你就有可能追求一种短期的利益。从这个意义上讲，欺骗、不讲信用是一件很自然的事。高年级同学将商品拿到宿舍卖给新生，本身就只是一次性交易，而且由于是流动交易，他今天骗了你以后，他并不关心明天能不能见到你。

其次，需要有一个规范的政策行为。产权本身意味着他依赖于外部环境。如果高年级同学在自己的宿舍内卖东西，并且非固定经营，但是学校并不对其约束，告诉经营者这个是违规的、那个是违规的，今天能干、明天不能干，高年级同学也没有一个稳定的预期，所以他也很可能会追求短期的利益。在这个意义上，学校的政策行为在很大程度上也决定着个人的行为。

再次，需要有一个良好的信息传输制度。高年级同学之所能肆无忌惮地销售假冒伪劣商品，有一个原因就是因为购买这些商品的新生之间没有一个良好的信息传输机制。第一个受骗的同学无法将相关的信息传递给其他人。高年级同学骗过人的行为被下一个可能交易的人知道就非常重要。

最后，需要一个制度规范。如果学校知道在开学初期一定会发生相关的不诚信的销售行为，可以采取一个更规范的制度，如禁止高年级同学无序地进行商品销售，并且在奖惩措施上对高年级同学的销售行为进行规范，就能避免这种事情。

现实中，很多人不讲诚信。从报刊，电视，网络上每天都能读到、看到数不尽的坏现象，很多人在生活中都会碰到不讲诚信的现象。有些人说谎，欺骗，吹嘘，违心地讲话，做事，似乎已经习以为常。

叶知秋有一次从西直门的一个路口走过，这里算是北京的城区中心。街头有个 30 岁出头的卖报男人，衣衫破旧，他卖报很特别，拿着一摞娱乐小报，吆喝起来很有特色，先是小声向路人神秘地吆喝："出事了啊！"让人侧耳一听，然后大声叫喊什么"刘德华自杀了"或"刘德华入狱了"等等。题目常换，但都是耸人听闻的消息。这自然很吸引人，不时会有人停下来买。

叶知秋好奇地花了 1 元钱买了一份。拿来一看，上面根本没有他叫嚷的新闻，而是一份过时多日的旧报，就扔了，后来好几次都注意到这个卖报人。他长相很凶悍。大多数买报者是来京的游人，往往买了后匆匆离去；极少数人走出几步，在报里寻找他喊的新闻，看了半天发现没有，回来与他理论。但他根本不理，快步离去。日复一日，年复一年，他一直在北京市中心最繁华的街道上行骗。有人管他，他就把大量报纸藏在一个灯座中的洞内，手里拿着一些，卖光后再取。

一年后，叶知秋和同学去西单买东西，在地铁站口，竟然见到那个卖报人仍在卖报，他穿着很时髦的皮夹克，仍然是熟悉的"出事了"，接着叫嚷着最新的耸人听闻的消息。在中国最有名、最繁华的大街，光天化日下行骗数载，安然无恙，越过越好，叶知秋愤愤不平。

大家见到很多谎言和骗局，假话，假货，甚至假警察，假乞丐，假医生；见过很多制假造假行为，假烟，假酒，假药，假文凭，在全国泛滥；甚至还有假奶粉，让孩子在这个世界喝的第一口奶都是假的；让老人死去殡葬时都被人狠狠黑最后一把。诚信显得越来越可贵。

实际上，政府、社会、法律、媒体也在受到个别人不讲诚信的影响，变得逐渐失去原有的公信力。在西方民主社会，一个公职人员如果说谎，那将是最大的过错，没有可能被宽恕。尼克松就是在水门事件中，说了一句不知道录音带的事，美国人没有人相信他，最后只好下台。而克林顿又因为承认和莱文斯姬的暧昧关系而免于被弹劾。诚信是一个国家的命脉。如果不是全国人民大多数诚实纳税，就不可能有国家运转；如果没有宣誓决不说谎的证词，就没有良好的法律秩序。而商业上的诚信更是生存的根本。所以国家、民族、政府、法律、制度和经济都是建立在真实、诚信的道德基础上的。

诚信缺失的根本原因就是人们认为在现在这种情况下，讲诚信会错失很多利益。“诚者，天之道也；思诚者，人之道也。”将诚信上升至天道人伦，这一文化传统在中国绵延千年。时至今日，利益与诚信天平的失衡，到时却陷入人文精神与商业利益的冲突。

在对经济发展过程的道德反思中，会遇到鱼与熊掌能否兼得的困惑，即利益最大化与诚信道德的“利义之辩”。诚信概念从伦理学层面来诠释，即真实无妄为诚，诚实不欺为信，延伸至经济领域，则转化为所谓的信用制度。诚信的缺失就是信用制度的崩溃。对利益最大化的狂热，突破了经济行为的道德底线，诚信被人为地与利益割裂对立。

那么，诚信与利益最大化究竟能否共存？经济的问题是否需要文化伦理的对应？追求利润是企业的目的，这个思想在亚当·斯密时期就被发展到了极致。但目的的达到，在工具或手段上应当符合道德伦理规范的约束。在转型社会中，也许透支诚信可以在利益回报上一时有所收获，但不诚信的企业最终会受到社会道德的批判，被逐出舞台。而失去信用制度约束的市场，将在利益驱使下陷入混乱，企业与企业、消费者与企业之间的关系恶化为极度的不信任，最终形成经济发展的瓶颈。所以，诚信与利益最大化不能割裂，应该兼得。

说到底，全球化市场是一个诚信的经济市场。诚信就是企业的核心竞争力，是品牌树立的基础，更是中国企业迎接挑战的前提。我们可以从质量、服务、管理等方面去提高核心竞争力，而所有这些无一不指向诚信。保证对顾客的真诚，实现对顾客的承诺，坚持诚信的核心竞争力不是一蹴而就的，它是一笔宝贵的无形资产。有了这样的核心竞争力，利益最大化将在时间坐标上无限延伸。也就是说，诚信并非纯伦理观念，它可以进入经济领域，实现与利益最大化的融合，即利和义能够兼得。

2.7 快餐店在价格上歧视你

A 大学旁边有个快餐店。快餐是学生的最爱，花费不算太高，而且方便。最重要的是，快餐店经常在学校中发放优惠券，优惠券上的优惠让不少学生认为物有所值。实际上，接受快餐店优惠券并进入快餐店消费，就是接受了快餐店的**价格歧视**。

快餐店经常以某种形式发放优惠券。例如，在快餐店的网站上发放，顾客只要打印这张优惠券，就可以凭券到快餐店以 7～8 折不等的优惠价格享受某种套餐；或者把优惠券夹在快餐店的宣传报纸里，顾客只要看这张报纸就会得到优惠券；或者在路边免费发放。事实上，不仅仅是快餐店，许多餐厅也有类似的优惠券。

价格歧视是指一家厂商在同一时间对同一产品索取两种或两种以上的价格。它还可指一家厂商的各种产品价格之间的差额大于其生产成本之间的差额。

为什么要发放优惠券呢？

一种容易想到的解释是，吸引更多的顾客，扩大销售量。但如果是这样的目的，那么为什么不直接降价呢？可见，这个解释不对。

另一种解释是，快餐店想借此进行价格歧视，把顾客区分开。请注意，要获取快餐店的优惠券，总是要花费一定的时间成本，而不是随手可得的，比如，上快餐店的网站浏览寻找优惠券，打印优惠券，或者阅读快餐店的宣传报纸，或者在路边索取，都是需要花费稍许成本，主要是时间成本。通常什么人才愿意花费这些成本呢？时间成本比较低的人。这些人中，什么人的时间比较便宜呢？显然是一些收入偏低的人——工薪阶层和学生。

另外，优惠券能够购买的通常是某种指定的商品组合，而不是随意购买。也就是说，使用优惠券的顾客，需要付出代价，即不能随意挑选商品的代价，这也是一种成本。

总而言之，使用优惠券，是要付出代价的。代价也是成本。

通过上述种种方式，快餐店成功地把顾客中的富人和穷人分开（当然这是相对的）。然后，对于富人——不持有优惠券的人，快餐店提供给他们的商品就比较贵（没有优惠），而对于穷人——持有优惠券的人，快餐店给他们打折。时间、地点和商品相同但价格不同，这就是典型的价格歧视。通过价格歧视，快餐店向消费者榨取了更多的消费者剩余，增加了利润。

同理，工作日很容易以 600 元左右的价格买到从厦门到北京的经济舱机票，但是在北京只能买到 900 元的从北京到厦门的经济舱机票。乘的是同一航空公司的飞机，甚至是同一架飞机，同样的机组，时间和里程也一样，价格却相差如此悬殊。原因就是在非节假日，从厦门飞到北京的人大多数是到北京旅游的，游人时间比较灵活，他们对于机票的价格更加注重，给予他们更高的优惠能吸引他们乘坐自己的航班。而平时从北京到厦门的旅客大多是出差的商务客人，对这部分客人而言时间才是最重要的，他们对价格不敏感，航空公司向他们收取更高的费用，他们也能接受。

在其他国家，这种事也是常有的。以美国为例，航空公司之间经常发生价格大战，优惠票价常常只是正常票价的三分之一甚至四分之一。然而，即使是价格大战，航空公司也不愿意让出公差的旅客从价格大战中得到便宜。但是，当旅客去买飞机票的时候，他脸上并没有贴着是出公差还是私人旅行的标记，那航空公司是如何区分乘客和分割市场的呢？原来购买优惠票总是有一些条件的。例如，规定要在两星期以前订票，有些旅行套票规定必须在目的地度过一个甚至两个周末等。老板叫你出公差，往往都比较急，很少有在两个星期以前就计划好了的国内旅行。这就使得一部分出公差的旅客无法享受优惠。最厉害的是，一定要在目的地度过周末的条件。老板派你出公差，当然要给你出住宿费，还要付给你出差补助。度过一个周末，至少多住两天，两个周末更不得了。这笔开支，肯定比享受优惠票价所能节省下来的钱多得多。更何况，度完周末才回来，你在公司上班的日子又少了几天。精明的老板才不会为了那点眼前的优惠，而贪小便宜吃大亏。就这样，在条件面前人人平等，这些优惠条件就把出公差者排除得差不多了。

上述行为在经济学上就叫价格歧视。价格歧视也叫差别定价，是指企业为了获得更大的利润，把同一产品按购买者不同而规定的不同价格，一部分购买者所支付的费用高于另一部分购买者所支付的费用。

价格歧视是否违背市场经济规律，人们有不同的看法。有人认为价格歧视是违反市场经济规则的，影响资源的有效配置，必须实行严格管制。有人认为，价格歧视有其合理性，应允许其存在。

认为价格歧视不应该存在的人的理由是，根据择优分配的原理，商品和资源的最佳配置必须达到均一的边际产出，在市场经济中就是均一的价格。因为公平有效的定价是长期边际成本，这种成本是一个确定的数，不能因人而异。所以价格歧视破坏了市场规则，必将破坏资源的最佳配置，从而降低社会的经济效益。

认为价格歧视有合理性的人的理由是，价格歧视完全符合市场经济规律的要求。价格歧视中的歧视是经济学的术语，而不是一个贬义词。如果由于扩大市场，使生产者能得到规模经济利益，在满足了付高价的消费者的消费需求之后，可以降价再满足一部分只能出低价的消费者的消费需求，从而使整个平均成本进一步下降，这对生产者和消费者都有好处。因为，通过这种策略，厂商可以依据客户的消费能力将其分为不同的消费群，分别定价，赚取更多的利润。价格歧视堪称市场经济中最重要的游戏规则之一。

实行价格歧视的目的是为了获得较多的利润。如果按较高的价格能把商品卖出去，生产者就可以多赚一些钱。因此生产者将尽量把商品价格定得高些。但是如果把商品价格定得太高了，又会赶走许多支付能力较低的消费者，从而导致生产者利润的减少。如何采取一种两全其美的方法，既以较高的商品价格赚得富人的钱，又以较低的价格把穷人的钱也赚过来，这就是生产者所要达到的目的，也是价格歧视产生的根本动因。青壮年是中高收入的社会群体，而退休工人的收入通常就低得多。商家到以较高的价格赚取了青壮年这个社会群体的钱，再以较低的价格向退休工人提供服务。航空公司以正常票价向出差人士提供服务，同时用低得多的机票价格让“可去可不去”的旅客也花钱进入旅游市场，这就是与价格歧视现象共通的经济学伦理。当然，价格歧视也有更好听的说法和理由。如在中国，“尊老爱幼”被说成是中华民族的传统美德。

在美国，“尊老爱幼”被标榜为体现社会文明的标志。

价格歧视的前提是市场分割。市场分割包括边界分割、距离分割和身份分割。如果生产者不能分割市场，就只能实行一个价格。如果生产者能够分割市场，区分顾客，而且要分割得使不同市场具有明显不同的支付能力。这样，企业就可以对不同的群体实行不同的商品价格，尽最大可能实现较高的商业利润。

如果没有歧视，人人平等，实际上必然造成对“高需求者”（需求弹性小，支付意愿强的消费者）的歧视。厂商向每一位顾客收取其刚好愿意支付的价格的做法叫作完全价格歧视。完全价格歧视从表面上看，好像不公平，但其实未必。这是因为，在整个价格歧视中，不同的需求者都能得到有效的供给，因而从需求与供给相等的意义上说，没有任何人遭到歧视。对高需求者“歧视”不行，对价格敏感、需求弹性大的普通百姓而言，如果不被“歧视”，他们可就更不答应了。美国 P&G 公司曾经一直在采用折扣券制度，对积攒、保存、携带、出示折扣券的顾客（往往都是收入较低的顾客）给予优惠价格。1996 年，P&G 公司以区分消费者需求弹性成本太高之名决定取消这种制度。这下，P & G 公司的顾客火了，连纽约州司法部都介入了此事，强制 P&G 公司执行折扣券制度。 假期到了，大学生要放假回家，如果铁道部坚持价格无歧视，取消学生票半价，结果可想而知。所以说，价格歧视本身也是公平的一种另类市场体现。

2.8 市场失灵造成污染

叶知秋所学的环境工程专业本属于化工系，侧重于环境监测、中水处理等。可以说一切与污染治理有关的事情实际上都与环境工程沾边。上大学前叶知秋在南方一个小城市，并不了解污染的严重程度和污染的缘由。进入环境工程领域才真正了解污染的成因。其实一切的污染都源于对利益的争夺。企业在市场上寻求其最大的利益，但由于市场本身的问题，并非一定能促进社会总效用的增加。

市场这只看不见的手有时也会有问题。亚当·斯密（Adam Smith，1723—1790）被称作经济学之父，其以《道德情操论》和《国富论》闻名于世。他的《国富论》（*The Wealth of Nations*）特别推崇自由经济，主张生产服务于消费，私人经济利益的满足将使所有参与者受惠，达到国民的普遍富裕而非少数贵族或上层的专有的奢靡。"我们每天所需的食品和饮料，不是出自屠户、酿酒家或烙面师的恩惠，而是出于他们自利的打算。"通过分析"劳动的生产物"（指财富和商品）的产出以及在不同社会阶层、职业间的分配，斯密阐明了当人们各自的努力只受抽象的价格信号所支配，而以上的各种物品均按这种价格被需求和提供的时候，当认识到个人受抽象的价格信号，而不是受具体可见的需求引导的时候，人的努力就会惠及更多人，并且让我们最充分地利用广泛分布在众多个人中间的具体知识，并以此来克服我们对绝大多数具体事情无法改变的无能和无知。

市场作为一只"看不见的手"（an invisible hand）按其自由、自有的规律和机制引导和调节经济发展周期。从产生、成长、繁荣、过剩、衰退到复苏，周而复始。当然这不意味着简单和机械的重复，它包含不断更新，不断扩张，优胜劣汰，适者生存。从空间来看，这意识形态中看似抽象的无形的手，就好似某种“场”或力，它永远都在左右着人类社会前进的方向和趋势，使得滚滚洪流在动态中保持“平衡”。但市场本身并非万能，市场也存在失灵的时候。

对经济学家而言，**市场失灵**这个词汇通常用于无效率情况特别严重时，或非市场机构相对较有效率且创造财富的能力较私人选择更佳时。此外，市场失灵也通常被用于描述市场力量无法满足公共利益的状况。本书着重于经济学主流的看法。经济学家使用模型化理论解释或了解这个状况，市场失灵的两个主要原因为市场的**外部性**和市场力量。

> **市场失灵**是指市场无法有效率地分配商品和劳务的情况。

> **外部性**，是指企业或个人的生产或消费活动，给与其没有直接经济关系的其他企业或个人带来了有益或有害的影响。

市场失灵的具体表现如下。

1. 收入与财富分配不公平

这是因为市场机制遵循的是资本与效率最大化原则。一方面，拥有的资本越多在竞争中越有利，效率提高的可能性也越大，收入与财富向资本与效率也越集中；另一方面，资本家对其雇员的剥夺，使一些人更趋于贫困，造成了收入与财富分配进一步拉大。

2. 外部负效应问题

外部负效应是指某一主体在生产和消费活动的过程中，对其他主体造成的损害。外部负效应实际上是生产和消费过程中的成本外部化，但生产或消费单位为追求更多利润或利差，会放任外部负效应的产生与蔓延。

3. 竞争失败和市场垄断的形成

竞争是市场经济中的动力机制。竞争是有条件的，一般来说，竞争是在同一市场中的同类产品或可替代产品之间展开的。另外，由于分工的发展使产品之间的差异不断拉大，资本规模扩大和交易成本的增加，阻碍了资本的自由转移和自由竞争，形成垄断。

4. 失业问题

失业是市场机制作用的主要后果。一方面，当资本为追求规模经营，提高生产效率时，劳动力被机器排斥。另一方面，市场经济运行的周期变化，对劳动力需求的不稳定性，也需要有产业后备军的存在，以满足生产高涨时对新增劳动力的需要。

5. 区域经济不协调问题

市场机制的作用只会扩大地区之间的不平衡现象，一些经济条件优越，发展起点较高的地区，对于发展也越有利。那些落后地区也会因经济发展所必需的优质要素资源的流失而越发落后，区域经济差距会拉大。

6. 公共产品供给不足

公共产品是指消费过程中具有非排他性和非竞争性的产品。所谓非排他性也就是当这类产品被生产出来，生产者不能排除别人不支付费用的使用。这类产品包括国防、警察、路灯、电视信号接收等。所以这类产品又叫非营利性产品。从本质上讲，生产公共产品与市场机制的作用是矛盾的，生产者是不会主动生产公共产品的。而公共产品是全社会成员所必需的消费产品，它的满足状况也反映了一个国家的福利水平。这样一来公共产品生产的滞后与社会成员与经济发展需要之间的矛盾就十分尖锐。

7. 公共资源的过度使用

有些生产主要依赖于公共资源，如渔民捕鱼、牧民放牧。由于生产者受市场机制追求利润最大化的驱使，往往会对这些公共资源进行掠夺式使用，而不能给资源以休养生息的机会。

其中污染的产生主要就是因为市场的外部性，也就是市场的外部负效应。环境污染、资源枯竭以及生态失衡已经成为一个世界性的问题，环境外部性在现代生活中已经不是一种偶然的市场失灵，而是一种无处不在、无时不在的经济现象。

环境的外部性与一般的外部性相比，主要有以下三个特点。

- 环境问题的外部性是人类经济活动中不可避免的一个经济现象，它无处不在、无时不在，大量环境污染和生态破坏的事实已经充分证明了这一点。

- 环境外部性的作用时间比一般的外部性要长远得多，具有向未来延伸的特性。即现在经济活动的副作用由未来人口承担，当代人品尝着前人遗留下来的环境恶化的后果；同样，我们也在不断地将这类后果传递给子孙。

环境外部性更多地表现为外部不经济，特别是工业化以来，人们在聚集物质财富的同时，所造成的外部不经济可以说是普遍存在的，如大气污染、废弃物排放、噪音污染等。人类对环境造成了破坏，但在很多情况下，破坏者并没有为其行为付出代价，从而造成了环境的外部不经济。如化工厂，它的内在动因是赚钱，为了赚钱，对企业来讲最好是让工厂排出的废水不加处理而进入下水道、河流、江湖等，这样就可减少治污成本，增加企业利润，结果是对环境保护、其他企业的生产和居民的生活带来危害。企业若要治理，就会增加负担。“惟江上之清风，与山间之明月，耳得之而为声，目遇之而成色。取之不尽，用之不竭”，这是在经济未开发的地方才能看到的景色，现在哪里可以找到？

同样，沙尘暴也是人类经济行为不经济的直接结果。人们破坏森林，只是为了获得木材资源，在衡量木材的经济性时，我们的收益等于价格乘以数量。而价格是由什么决定的，按照现代经济学的观点是由供求决定的。这个观点把人们的思维误导向一个简单的错误，大量地开发木材资源可以获得更大的收益，而从来不考虑木材的真正价值，尤其不考虑木材的环境价值。马克思主义经济学认为价值是价格的基础，如果考虑木材的环境价值，人们就不应该大面积砍伐森林，导致今天的后果。

今天，人类意识到环境的破坏已经是人类最大的威胁的时候，再来考虑环境的经济价值显然已经太晚。

以沙尘暴举例。沙尘暴最重要的问题是带来的经济损失不可估量。有人对此进行过计算，其实这种计算毫无价值，要治理沙尘暴是肯定的。有意思的是在治理沙尘暴的问题上，也有利益的博弈问题。实际上，产沙区的农民因为沙尘暴对北京的影响，获得了更多的经济支持来治理沙尘暴，同时也获得了更多的减税政策扶持。从环境的角度来看，沙尘暴就是污染产品，谁生产的就要罚款。因此要对产沙区的政府进行罚款，而不是给他们治沙财政拨款，效果肯定更好。当然，治理沙化是必须的，但是治理的主题不是产沙区而是受灾区，只有受灾区的人民才有治沙的积极性。在环境的经济学方面人们一直思考的问题是谁应该对污染负责，治污成本如何分担。一个简单的例子就是吸烟的人危害了不吸烟的人的健康，因此不吸烟的人要求吸烟的人戒烟，但是戒烟的成本谁来分担？如果让吸烟者承担，他很可能戒不掉；如果让不吸烟者承担，肯定更不合理。我们可以制定公共场合吸烟罚款的法规解决这一问题，但是从经济学的角度，这个问题不可解。

2.9 学生用脚投票

学校的管理政策总是奇怪而多变，如一个草场可以进行三次改建。例如图 2-4，这是 A 大学图书馆侧面的一条小路。

图 2-4　草场上的小路

一种初衷是好的制度却导致了一种相反的结果，不仅制度得不到执行，而且产生了破坏作用。照片中的那条石板铺成的路就一个典型的案例。这一块草场刚开始建好时没有铺石板，也没有行人踏成的“小径”。

用脚投票，原指卖掉其持有的公司股票。现在通常用来比喻对某事的失望或抵触，从而选择离开或者放弃。

但是，久而久之，按照“几何学原理”和鲁迅的“路的形成原理”，这块草场的三角地带就行成了一条“天然”小道，这自然是不雅观的。于是为了改善此状况，政策制定者在“天然”小道上铺就一些石板，于是，形成了一条“人工小道”。这样一来，凡欲走捷径的同学都走石板路了，这样于外观，于路人都有了一定的改善，看起来是一种“帕累托改进”。但久而久之，却成了图上所显示的格局，“天然”小道和人工石板路并存！人们在石板路的旁边又开辟了一条“鲁迅式”的路。这是一个非常经典的制度变迁的案例，公共选择理论中的**用脚投票**在这里得到了充分的展示。原因何在？其实，说到底，出现这种无效制度的原因在于政策制定者缺乏“以人为本”的理念。既然是铺路，就应该首先为过路人考虑，然后再考虑外观和铺路成本，因为路是让人走的，如果“行走成本”过高，路人很自然会选择用脚投票。另外，很多政策制定者都不是政策的受众，他们制定的政策或制度与他们自身的生活无关，即“铺路人不走自己铺的路”，那么照片上出现的结果应该是可以理解的了。在日常生活中类似的案例也非常多。比如环境污染的治理，必须引入排污技术或设备，但由于成本过高而被放弃，环境污染问题照旧等。

用脚投票，最早由美国经济学家蒂伯特（Charles Tiebout）提出，在人口流动不受限制、存在大量辖区政府、各辖区政府税收体制相同、辖区间无利益外溢、信息完备等假设条件下，由于各辖区政府提供的公共产品和税负组合不尽相同，所以各地居民可以根据各地方政府提供的公共产品和税负的组合，来自由选择那些最能满足自己偏好的地方定居。居民们可以从不能满足其偏好的地区迁出，而迁入可以满足其偏好的地区居住。

形象地说，居民们通过用脚投票，在选择能满足其偏好的公共产品与税负的组合时，表达了其偏好并做出了倾向于哪个地方政府的决定。

用脚投票从根本上表达的是人们对某事件、某现象、某局面不高兴了，不满意了，选择“三十六计走为上策”。

举例如下。

- 股市中，股东（散户也是股东）用脚投票是指，股东在股票市场将自己持有的公司股票转让出去。

- 农民种田赔钱，于是弃田而去，这是用脚投票。
- 民工做工收入菲薄，待遇低下，辞职走人，也是用脚投票。
- 足球俱乐部面对恶劣的竞赛环境，罢踢且联合“抗上”，又是用脚投票。
- 受到严重伤害的股市投资者因没有信心斩仓离场，还是用脚投票。

用脚投票机制的核心就是“偏好显示”。市场经济是充分尊重人们的选择权的经济，理性的消费者正是通过“用脚投票”的方式来实现其选择权。如在股票市场上，投资者可以通过资本市场“用脚投票”的方式，抛售经营业绩不好的公司股票，来表达其对公司的否定态度。在商品和服务市场上，消费者会选择购买最适合其需求的商品或服务，如果市场所提供的产品不能满足消费者的需求偏好，消费者就会“脚上抹油”溜了。再如，面对目前狂轰滥炸的电视广告，很多观众会选择转换频道，以用脚投票的方式表达自己对广告时间过长的厌烦和不满。据说，在有些电视剧热播期间，某电视台过度插播广告，遭遇了观众的用脚投票，使广告的到达率和收视率下降，直接影响了广告的投放效果。用脚投票是一种强大的力量，是一种无声的选择。在这种用脚投票机制的压力下，或者说其实就是在市场压力下，商品或服务的提供者都将尽力为消费者提供其乐意购买的产品来吸引顾客。

趋利避害是用脚投票的根本原因，市场经济的建立和发展使用脚投票成为可能。当然，趋利的用脚投票也存在一定的盲目性和短视性。

但并不是每个人都有机会用脚投票，如农民工对低廉的工资待遇和恶劣的工作环境虽然不满，却无法用脚投票。不少企业对于农民工是一种掠夺式的利用，而一些经济学家也在一旁摇旗呐喊，认为农民工的工资应该由劳动力市场决定，政府不应该加以干涉。所以，即使从事那些工作强度大、危险性高的工作，农民工的报酬仍旧很低。当前，农业生产效率再怎样提高，也不会产生足够的诱惑力让农民放弃城市。在当前大多数企业里，劳资双方的关系中，农民工的弱势地位不可能因为农业生产的效率暂时提高而获得改变。所以，农民工用脚投票不过是个假象！所谓企业不善待农民工，人家就不来了，农民工开始用脚投票，只不过是专家的一厢情愿。至少，中国的农民工暂时还没有用脚投票的条件。

目前城市劳动力的供求总量仍旧在大幅度增长，求职人数远远高于需求人数，许多城市的外来劳动力总量持续上涨。由于企业给农民工的工资报酬太低导致的用工短缺，只可能是暂时现象。因此农民没有用脚投票的底气，更无法通过用脚投票为自己获取更高的利益。

实际上，用脚投票是无奈之举，但也算一种选择，如果连用脚投票的机会或可能性都没有的话，才是最大的悲哀。

2.10 公地产生悲剧

每个大学宿舍可能都会有这样的情况，楼道一定比宿舍脏，宿舍的公用桌子一定比个人桌子脏。这其实反映的就是公地的悲剧。

1968年，美国学者哈定在《科学》杂志上发表了一篇题为《公地的悲剧》的文章。英国曾经有这样一种土地制度——封建主在自己的领地中划出一片尚未耕种的土地作为牧场（又称为“公地”），无偿向牧民开放。这本来是一件造福于民的事，但由于是无偿放牧，每个牧民都养了尽可能多的牛羊。每名牧民都想多养一只羊增加个人收益，虽然他明知草场上羊的数量已经太多了，再增加羊的数目，将使草场的质量下降。牧民将如何取舍？如果每人都从自己的私利出发，肯定会选择养更多的羊获取收益，因为草场退化的代价由大家负担。每一位牧民都如此思考时，“公地悲剧”就上演了。随着牛羊数量无节制地增加，公地牧场最终因“超载”而成为不毛之地，牧民的牛羊最终全部饿死。

首先，人们在寻求自己私欲的时候，既有可能是个体间的相互利用、交易、竞争甚至相互欺诈、掠夺，也有可能是没有节制地利用无人占有的资源。人们出于私利为他人生产时，既包含自己承担的成本，也包含看似免费的社会成本。以公地悲剧为例，为了使自己的收益更大，有的牧民会多养几头牛，他购买牛犊的成本是私人成本，但牛犊要长大，就必须吃草，这些草也是“生产”一头牛的成本，只不过这个成本是无须他本人承担的社会成本。“公地”尽管能够“免费”承担养一头牛的社会成本，但其承担成本的总体能力是有限的。直到“公地”因过度放牧而无力承担生产每头牛的社会成本，这个隐性成本才被意识到。“私人的恶行”要想通过“看不见的手”转化为公共的利益，不应该以暂时免于支付的社会成本当作私人的收益，使整个公共利益减少甚至衰竭。

其次，公共利益的总量并非私人在交易活动中获得利益的总和。我们得到的许许多多的好处（如呼吸清新的空气）都不是从交易活动中获得的。个体拥有产权的东西所带来的好处往往超出（有时是大大超出）我们从交易活动中得到的个人收益。比如，一个人拥有一片林地，他可以通过木材销售来获得收益。林地不仅能生产木材，它从事的“生产”还包括吸收二氧化碳、释放清新的空气、保持水土、为各种动植物提供生存环境等功能，这些都是公共利益的一部分。当你因为木材价格暴涨而把整个林地砍伐殆尽，获得了大量的个人财富时，公共利益却受到损害。

这其中有一个假设的逻辑关联，“我多养一头牛对草场的损害微小到可以忽略不计”。事实上，这就是导致公地悲剧的逻辑之一。哲学上把这种逻辑称为“秃头怪论”。一个人掉一根头发不可能变成秃头，掉二根、三根、四根……都不可能使一个人成为秃头，所以掉一根头发不是成为秃头的原因，至少你不能准确地说出具体是掉了哪根头发才成为秃头，所以任何一根掉落的头发对一个人的秃头都不负有责任。产生公地悲剧的根本原因就是产权不明晰。公地悲剧也被利用在不规范的家教市场。

第一，每位教师都知道有偿家教所带来的职业道德下滑和对教师理想的抛弃，最终会损害教育作为公共产品的属性。但教师首先是社会经济人，同样拥有每个社会人都有的经济利益驱动力，在这种驱动力没有受到任何强制约束的情况下（教师的职业道德本身没有强制力量约束），他就会在其拥有权力的家教“牧场”里，最大化放牧。曾有媒体报道，有的教师一个月的家教收入能买一辆轿车，“早、中、晚三班制”，用疯狂来形容丝毫不为过。

第二，有些家长痛恨有偿家教，他们认为有些教师“课上不好好教，课后到家里补”，是一种严重的失职行为。但又考虑到自己孩子在应试教育的竞争中，受教育必须“最大化”的诉求，不得不向有偿家教屈服，花大把的钱把自己的孩子“赶入”有偿家教补习班这个“公共牧场”。

第三，很多学校和相关部门都知道有偿家教对于教育事业有很大影响，而且往往都是不利的，但他们也有自己的牧场效应需要考量。在现行的应试体制下，考试成绩就是一切，更确切地说是高考成绩。而那些有偿家教“提分突出”的教师往往是当地应试教育的“名师”，一旦因为严格执行有偿家教的禁令把他们都吓跑了，学生们考试成绩也会受到影响。

家长、学校教师和相关部门，涉及有偿家教的几个方面似乎都存在“公地悲剧”的同质因素。但这个因素中显然还有一个根本的区别被我们忽视了，即教师和家长作为个体，他们存在天然的私利欲求是无可厚非的（暂且不用道德伦理来衡量教师的行为），而某些相关部门作为公共管理机构，原本应该坚持公共利益的最大化，维护社会公正和教育均衡，不应该图谋一己之私。但现实的情况是，一些地方相关领导为了私利，变相纵容“有偿家教”的存在。这也是为什么各地在“严禁”有偿家教，而有偿家教偏偏“春风吹又生”，甚至“一年更比一年盛”。

这种情况直到互联网的发展才有所改观。在线教育的兴起之后，优秀教师的教学能力重新回归个人，教师可以将自己的教学能力通过网络惠及更多的学生，并由此获得巨大的收益。这就是将优秀的教学能力这种以前被认为公地（只能附着于学校）的资源转为私地的资源。

与公地的悲剧相对应的是反公地悲剧。现实经济活动中，因为公共资源存在有限产权，至少有两个或更多的权利所有者与使用者，结果是，任何经济主体都没有真正地拥有有效的使用权，致使资源的闲置和使用不足。简单地说，就是很多部门都对同一资源有所有权和使用权，但只要其中任何一个部门不能合理利用其权力，导致协作失利，这个资源就无法有效利用，形成反公地悲剧。高校的公共资源是学校开展教学、科研、生产和后勤等活动必不可少的物质条件，是保证学校顺利完成各项任务的前提。对于高校公共资源的管理，当部门利益与学校整体利益不一致，当眼前利益与长远利益不一致时，院系部门就可能以部门利益为首选，而使学校整体利益受损。当高校公共资源真正实现共享时，各职能部门及各院系都有权力使用，都更愿意将公共资源“独自占有”，于是就会出现资源利用不充分的现象，这就造成了所谓的反公地悲剧。

第 3 章

可预知的行为

3.1 洗澡洗出的纳什均衡

A 大学的澡堂是食堂外的另一个传奇。据说有个同学从来没有到操场锻炼，却因为经常洗澡抢淋浴器，练出了一身腱子肉。

A 大学东区澡堂只有一个，开放时间 17：30—20：00。周一、三、五、日为女生洗浴时间，男生洗浴时间是周二、四、六。整个东区的学生、住校教职工、服务人员共 2 000 多名，无差别地在只有 60 个左右淋浴器的浴场内赤诚相见，每个淋浴器都环绕着三五个洗澡的人。每当澡堂开放前夕，门口总会聚集大批神情肃穆的同学，出奇的安静，不明就里的人可以会以为有重要会议正在举行。而开门的那一刹那，站在人群中间的同学能体验双脚离地也能前行的奇妙。叶知秋常常是进入澡堂的第一批，算是洗澡先进积极分子。这并非个案，在 A 大学，学生的积极情绪往往倾泻于澡堂和食堂，就算逃课也在所不惜。

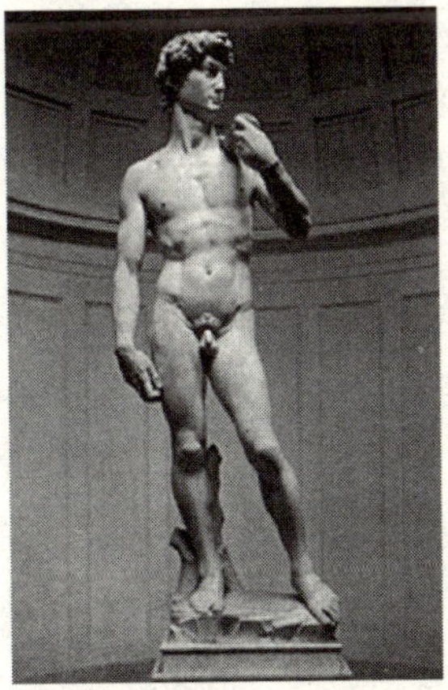

洗澡不比吃饭，第一个进入食堂的人能享受到最新鲜的饭菜，第一个进入澡堂的人却要忍受冰冷的煎熬。水管中的冷水没有放净，第一个踩踏板的人会被溅上一身冷水。叶知秋总是成为踩踏板的勇者之一，一手紧攥毛巾，一腿以 15 度斜角轻踩踏板，姿势仿佛米开朗基罗创作的大卫。其实叶知秋在第一拨洗澡这件事情上，应该做个“小猪”。

猪圈里有两头猪，一头大猪，一头小猪。猪圈的一边有个踏板，每踩一下踏板，在远离踏板的猪圈的另一边的投食口就会落下少量的食物。如果有一只猪去踩踏板，另一只猪就有机会抢先吃到另一边落下的食物。当小猪踩动踏板时，大猪会在小猪跑到食槽之前吃光所有的食物；若是大猪踩动了踏板，则小猪还有机会在大猪吃完落下的食物之前跑到食槽，争吃一点残羹。现在提问，两只猪各会采取什么策略？答案是，小猪将舒舒服服地等在食槽边，而大猪则为一点残羹不知疲倦地奔忙于踏板和食槽之间。这就是**博弈论**中著名的“智猪博弈”。当大猪踩踏板而小猪坐享其成时，实际上也就形成了一种均衡——非合作博弈均衡（**纳什均衡**）。这个博弈后来被经济学家们用来解释了一系列社会经济现象。

> **博弈论**（gametheroy），是现代经济学的基础理论之一，它所研究的是人们的决策选择以及相应的均衡问题。

“智猪博弈”对于叶知秋的洗澡经历分析也适用。

第一批冲进澡堂的人，发现水管里的冷水还没有放尽。谁先踩踏板，谁就会溅一身的凉水。但如果大家都不先踩踏板，显然就都洗不成澡。但如果一部分人先踩踏板，另一部分人就可以直接享受热水，于是满浴室的人们就像“智猪”那样博弈起来。博弈的结果是，大家都

> **纳什均衡**指的是这样一种战略组合，这种策略组合由所有参与者的最优策略组成。即在他人策略已定的情况下，没有人有足够理由打破这种均衡。

不去踩那踏板，而是看着一只“大猪”——叶知秋，在那里傻乎乎地淋着冷水。一个淋浴器的放水速度实在太慢了，冰凉的水流没完没了地溅在身上，其他人都瑟瑟地站在那里。他们是在等第一个踩踏板的人把冷水排净！当然还会有其他的“大猪”一起帮忙放水，才能使这些“小猪”们欢快地洗上热水澡。

聪明的“小猪”们依靠沉着和智慧在这场“智猪博弈”中轻松地击败了“大猪”。实际上，这引发了效率低下，具体如下。

首先，“大猪”不先踩踏板，“小猪”中会不会有人先去踩踏板？一定会有的。长时间陷于困境的群体中总会出现一个敢于为群体的利益而献身的“傻瓜”，但他的下场一定是悲壮的。

其次，当群体道德丧失的时候，社会是否还有向前发展的可能？这也是有可能的。如果浴室的管理人员在浴室中增加几个放水开关，小猪们就可以利用这一“先进”的装置迅速地放掉冷水，增进群体的福利。也就是说，即使社会道德水准降低到了极限（所有的人都变得绝对自私），技术的进步仍然可以增进全社会的福利。也许这就是所谓的“发展才是硬道理”。

再次，制度约束能否替代道德约束？能不能建立一套制度，通过这套制度逐步改善这种群体的低效行为？这也是有可能的。如果浴室改成按洗浴时间的长短来收费的制度，来增加“小猪”们的投机成本，他们中就会有相当多的人变成 “大猪”。这就是现代西方经济学家们正在绞尽脑汁探寻的途径。

当然还可以通过教育来解决这个问题。但是教育如何保证自利的经济人能舍己为人呢?

同样博弈也存在于生活的方方面面，房间的灯管坏了，需要重新更换。超市中有两种可供选择的灯管，一种是质优的品牌灯管，售价 17 元，可使用 2 年。另一种是质量较差的非品牌灯管，售价 7 元，可使用半年。如何选择? 很显然应该选择 17 元的灯管，同样两年的使用时间，如果使用 7 元的灯管，需要投入 28 元，高出质优灯管 11 元。看不见的手又出现了，而且又一次发挥了指导性作用，让我们做出了一个最有利的选择。可是问题也出现了，灯管购买者的住所是租赁的，租期一年。对他而言只要保证一年内的照明足够了。事实是他会购买 7 元的灯管，并且在一年内两次购买，一共付出 14 元，以节省 3 元的策略达成目标。对个人而言这是最好的结果，但对整体而言显然购买品牌灯管才是最佳的解决方式。房间总会有人租用，一年后的入住者又要为灯管付出 14 元。同样是两年的使用时间，实际上整体付出了 28 元，超额付出 11 元。个人从自身的利益出发，最终并没有获得社会总体利益的最大化。

这似乎无法避免，因为商业精神的存在，每个人都追求利益最大化。实际上在每个人追求利益最大化的前提下，还是能通过一定的方式达到社会利益最大化的。

1. 加强制度规范

在房间出租时双方拟订一个硬性规定：一旦灯管损坏，由房主负责更换。房东为了保障个人利益最大化，必然会选择 17 元的灯管。

或者租户在退房时必须保证灯管的正常使用。租户为了服从于条款必须在购买灯管时，保证它的使用寿命超过 1 年。这样他就会选择 17 元、有两年使用寿命的灯管，而不是花费 21 元分三次购买 7 元的灯管。

2．技术革新

生产一种能有一年使用寿命、价格合适的灯管。减少因追求个人利益所产生的整体利益的损失。

3．改变经营方式

灯管除购买外同时开展租赁服务，消费者根据灯管的实际使用时间和使用寿命的比例，付出灯管全额费用的相应比例。这样一来，消费者会选择租用 17 元的灯管，一年中消费者实际为灯管支出为 8.5 元而非 14 元。

3.2 方便面是吉芬商品

A 大学的男生通常财务紧张，这几乎是所有大学男生的烦恼。男生由于缺乏消费规划，只要身边有富余的钱，总是会进行各种消费。宿舍内、宿舍间不定期的聚餐频率和男生钱包的鼓瘪成正比，陪女朋友吃饭逛街会进一步加剧钱包的窘迫。有的男生家长给生活费的方式是一个月一给。每当月末的时候，总能看到男生宿舍中消费了不少方便面，同时方便面还在学生中间来回交易。叶知秋曾经在月末的时候购买了一整箱方便面，并且惊奇地发现在月末方便面涨价时购买的数量反而更多。方便面对于大学男生而言完全是一种吉芬商品，它符合吉芬效应。

所谓吉芬效应，来源于**吉芬商品**概念。吉芬商品是英国经济学家吉芬（S. R. Giffen）的一个发现。按照经济学的供求规律，商品的需求与价格之间存在一种负相关的关系，价格上升，需求减少；价格下降，需求增加，这种升降变化的强度可以用需求的价格弹性来表示。

吉芬商品，其需求与价格之间并不呈负相关关系，价格上涨不仅不会导致需求减少，反而会使需求增加，而价格下跌反而会导致需求减少。

对于所有商品来说，替代效应都是与价格呈反方向变动的，而且在大多数情况下收入效应的作用小于替代效应的作用，需求定理一直有效。但是，在少数特定情况下，某些低档商品的收入效应作用要大于替代效应的作用。正是如此，经济学中将商品分为正常商品和低档商品两大类，正常商品的需求量与消费者的收入水平呈同方向变动，而低档商品则相反。

1845 年爱尔兰发生了灾荒，吉芬从统计中发现，吉芬商品大都是那些价格最便宜的生活必需品，吉芬商品效应也大多存在于最底层消费者的消费行为中。譬如，土豆在爱尔兰灾荒期间，虽然价格上涨，但其销售量不减反增。

对于过去的西方人来说，土豆是一种廉价的主食。当土豆和其他食物，比如肉类的价格恒定的时候，穷人消费土豆的量是一定的。但是一旦土豆价格下降，由于土豆变便宜了，花比原来更少的钱就可以买到和原来一样多的土豆。穷人的生活一般来说是没有什么结余的，由于土豆降价了，他们就没必要买和原来一样多的土豆，而可能会选择减少土豆的需求量，凑钱去购买比土豆昂贵的替代品（比如，原来一天只吃十个土豆正好吃饱，现在土豆降价了，只买八个，剩下的钱，正好可以买一块肉回家，当然买十个土豆也能剩下些钱，但肯定比买八个土豆情况下买的少，而且一样正好吃饱肚子，又不会因为吃十个土豆再加肉而吃撑）。由于静态下需求曲线是可逆的，在这个瞬间，土豆要是价格反弹，穷人会马上回到原来的消费结构上去。这才是真正意义上的吉芬商品！但是土豆的这种价格与需求的同方向移动现象并不是一直存在的，确切地说，应该是需求曲线的某一段产生了向上的现象，也就是说当土豆价格高到一定程度，需求又开始下降，因为这个时候穷人连土豆也吃不起了。

为了纪念吉芬，经济学中就把吉芬所发现的这一类违反价格弹性规律的商品称为吉芬商品。这种现象称之为吉芬效应或吉芬反应。这和男生在月末消费方便面的情形极其类似。

吉芬现象一般出现在价格低廉的产品上，但有的高价商品也会出现与吉芬商品类似的销量和价格成正比的现象，如房地产。在房价高涨的今天，大部分人都高呼买不起房，这里面甚至包括一些政府要员。但是抱怨归抱怨，房子还是一定要买的，于是造成今天房价越涨，抢购的人越多的局面，这与当年爱尔兰土豆价格上涨，需求量反而增加的现象正好“不谋而合”。

我们知道，一种商品价格的变化会引起该商品的需求量的变化。价格变化，消费者对此会产生两种心理变化。① 价格上涨则意味着消费者的收入变相减少，产生收入效应；② 该商品价格上涨，消费者会去寻求替代商品来代替价格上涨的商品，从而产生替代效应。

运用商品价格上涨会产生收入效应和替代效应的理论，也可以解释吉芬难题。还是以 19 世纪中叶的爱尔兰为例，购买土豆的消费支出在大多数的贫困家庭的收入中占了非常大的比例，于是土豆价格一旦上涨，变相造成当地贫困家庭收入大幅度下降。在这种情况下，变得更穷的居民不得不大量地增加对土豆的购买，这样形成的收入效应是很大的，它大大超过了因为土豆价格上涨而产生的替代效应。由此产生了价格上涨，需求量同步上涨的背离经济学常规的吉芬现象。

土豆价格低廉，房屋价格昂贵无比，无论如何也难以把二者联系到一起。但是两者均出现了吉芬现象，说明二者还是存在某些共同之处或者内在联系。总结起来，出现吉芬现象的商品存在三点特征。① 该商品为生活必需品，该商品一旦价格上涨，并无其他替代品可购买；② 购买者收入有限，对于该商品价格上涨十分敏感；③ 吉芬商品信息发布机制不健全。

在中国人的传统观念里，居者必须拥有其屋，自己必须是这个房屋的主人，这样才能真正立足社会。如果一个年轻人在城市里是依靠租赁房屋来生活，那么在老年人眼中，他永远在这个城市居无定所，飘摇不定。因此在很多中国人看来，房子和每日必须要吃的米饭和菜一样，是生活的必需品。这造成了很多年轻人主动或被丈母娘催促购房，而不是租房，即便只有二十多岁（很少有哪个国家的年轻人，选择在二十几岁的时候一定要购房）。

房子是一定要买的。但是国人不得不面临的一个事实是，大多数人还是处于温饱阶段，自己那点可怜的收入在高房价的面前显得十分羞涩。记得在2004、2005年，政府每出台一项针对房地产的调控政策时，大部分人选择持币待购，期望房价稳定甚至下降。但是房价疯涨的事实让大多数人的“观望”成了“绝望”。今年买大房，明年只能买小房；今天买城区房，明天就要买郊区房；今日房价1万，明日房价就是2万。那些收入有限，但是渴望有自己住房的购买者在房价面前彻底“崩溃”，只能举手投降，赶紧买房，从而造成今天市场的供不应求，越涨越买的局面，这就叫“明知山有虎，偏向虎山行”。最终造成的局面就是房价越涨，买的人就越多，房价越跌，持币待购的人就越多。这种现象在股市中也表现得非常明显，许多股民，特别是散户，总是追涨杀跌，股票红了就买，股票绿了就卖，只买正在涨的股票，只卖正在跌的股票，难怪那么多人亏损。

3.3 购物是为了追求消费者剩余

A大学附近有两家学生经常光顾的服装市场，A商场和B商场，距学校20分钟车程。嘈杂、混乱、缺乏服务意识，当然也没有大理石地面，只有天然的草根亲和力，很契合缺乏购物自信和钱包自信的大学生。

无商不奸，商业的最高原则就是对利益的追逐。马克思曾经说过，“如果有 100%的利润，资本家们会铤而走险；如果有 200%的利润，资本家们会藐视法律；如果有 300%的利润，资本家们便会践踏世间的一切。”虽然 A 商场和 B 商场同属草根商场，却有着显著的差异。A 商场粗犷得胡子拉碴，草根二字早已用墨水纹在额头，环境昏暗，进门扑面而来的气息，清楚地告诉你“我们这里充满廉价的塑料制品和低端的纺织品”，第一次进入 A 商场的学生总会下意识地捂一下钱包。相比之下，B 商场就是另外一种朦胧的草根，B 商场雄踞于一条主干道旁边，商业区占据 6 层，一层是化妆品，进门的香气能让人降低防御，同样的混乱和廉价，摊位上悬挂的牌匾仿佛在羞答答地告诉你“人家可是一个非常正规的大型商场呀”。

开学的第一个月，叶知秋和左昌哲就到 B 商场买衣服。逛了一圈看中了一件衬衫，询问了一下价格，摊主开价 110 元。两个人商量了一下，觉得这件衬衫挺合适，这个价格可以接受。还了一下价，最终以 100 元买了这件衣服，两人觉得赚了 10 元。

从经济学上讲，这 10 元是叶知秋和左昌哲的消费者剩余。对应的还有生产者剩余和总剩余。

> **消费者剩余**是指购买者的支付意愿减去购买者的实际支付量。

消费者剩余衡量了购买者自己感觉到所获得的额外利益。叶知秋认为一件衣服的价值是 110 元，但最终实际购买价格是 100 元，这多出来的 10 元就是消费者剩余。

假如商贩提供一件衣服的成本是 60 元，最终实际销售价格是 100 元，那么生产者剩余是 40 元。**生产者剩余**衡量生产者所得到的额外利益。

> **生产者剩余**是指厂商出售一种商品或服务得到的价格减去厂商的成本。

总剩余可以衡量社会的经济福利。消费者剩余是购买者从参与市场活动中得到的利益，而生产者剩余是生产者得到的利益。因此，常把总剩余作为社会经济福利的衡量指标。叶知秋买衣服所产生的总剩余就是 10+40=50 元。

> **总剩余**是指消费者剩余和生产者剩余的总和。

消费剩余的产生实际上是从消费地位的认定衍生出来的，消费是一切生产的唯一目的。在市场经济中，生产、分配、交换、消费共同构成完整的社会生产过程。生产的目的是消费，消费是人类社会延续和发展的必要条件。法国重农学派布阿吉贝尔认为，"所谓富裕，不是别的，只是一种大量的消费，也就是说一种极大的财富。"斯密提出，"消费是一切生产的唯一目的，而生产者的利益，只在能促进消费者的利益时，才应当加以注意。"这一原则是完全可自证的，简直用不着证明。但在重商主义下，消费者的利益几乎都是为了生产者的利益而被牺牲了；重商主义似乎不把消费看作一切工商业的终极目的，而把生产看作工商业的终极目的。萨伊也认为，"所有产品迟早是拿来消费。其实，生产它们完全是为了消费。"马歇尔也说过，"一切需要的最终调节者是消费者的需要。”在市场经济条件下，供给导向型经济转化为需求导向型经济，而需求导向，首先是消费需求。

增加消费者剩余是市场经济的本质。社会经济行为主体分为生产者和消费者两类。消费者在社会经济生活中的地位是由现代社会分工体系引发并决定的。消费者权益是现代市场经济体制的内在要求和必然产物。豪斯曼（Jerry A. Hausman）认为，社会利益主要由消费者利益决定。从经济学意义上来说，保护消费者权益集中体现在增加消费者剩余方面。满足广大消费者的需要，增进他们的经济福利，是市场经济的根本要求。欧盟《罗马条约》假定消费者是条约所要实现的经济目标的最终受益者。市场经济的本质是消费者主权的经济。这是因为市场经济是人们的物质文化需要不断得到满足的经济；市场经济是消费需求导向型经济；市场经济是等价交换、平等竞争的经济。在市场经济中，消费者具有更大的发言权和影响力。

而影响消费者剩余的主要因素有垄断、规定、寻租、税收贸易和产权制度等。

- 垄断对消费者剩余的影响。垄断导致产量减少、资源浪费和技术上的低效率。垄断不仅使消费者剩余向生产者剩余转移，而且还涉及制造和竭力防止这类转移的成本。处于垄断地位的企业作为谋求垄断利润的组织，必然造成较低产量和较高价格，使消费者剩余减少，并造成社会性损失。
- 政府规定对消费者剩余的影响。政府规定一般都有维护公共利益的目标，但在实际过程中却往往偏离这一目标。这主要是因为每一项规定措施出台的背后都是多种力量博弈的结果。奥尔森提出了著名的“集团规模”理论。他认为，政府对某个产业的监管从设计到实施都首先从被监管对象的利益出发，并非从全民或公共利益出发。依据集体行动的逻辑理论，规定政策以牺牲大集团的利益为代价而保护小集团的利益。斯蒂格勒提出“监管市场”理论，认为所有的监管安排同样由需求和供给决定。政府对产业的监管调控进程往往为少数存在利益相关性的企业所左右。监管常常遭到被监管者的“捕获”，即监管常常为被监管者的利益服务。小的利益集团比大集团更容易组织，它们能比大集团表现出就某项规定政策的更强烈的偏好。由此，规定将倾向于保护小的利益集团，而以牺牲更大团体的利益为代价。

- 寻租对消费者剩余的影响。寻租与消费者剩余之间有内在的联系，是对人为剩余的寻求。这部分剩余包括两个部分，其一是消费者剩余，其二是生产者剩余。如果要素提供者合作成为下游厂商的垄断供给者，使得均衡产出成为应用较差的技术，以较低的效率实现，将使穷国相对更穷，而消除垄断权力会使相关行业的国内生产总值提高 2 倍以上。例如在转型时期，国有企业存在政企合一的特殊现象，政府、厂商和消费者三方满意的均衡点很难找到，而几乎所有的成本都是由消费者承担。
- 税收对消费者剩余的影响。不合理的税制会导致消费者剩余的减少。超额负担问题是西方财政理论中最古老的问题之一，杜标特

（J. Dupuit）在1844年的著作中已经进行了论述。到20世纪初，西方财税理论界开始用马歇尔的基数效用理论来分析超额负担问题，从而形成了所谓的马歇尔式超额负担理论。其核心是以消费者剩余理论为基础，说明课税扭曲了被课税商品与其他商品的消费选择，并由此造成了超额负担。

- 国际贸易和关税对消费者剩余的影响。一个国家不一定能真正从贸易中受益。一般认为，国际贸易可以促进竞争，增加商品和服务的可选性，从而使消费者受益。如果消费者从国外企业所生产的产品中得到的利益大于国内生产者所遭受的损失，即国内消费者剩余的增加大于国内生产者剩余的减少，那么进行贸易就是有利的。通过贸易自由化，一个国家可以获得本国由于资源或技术限制而无法生产的产品，从而可以提高国内福利水平。进口税变化对消费者剩余、生产者剩余和社会福利的损益均有影响。Brander和Spencer开创了战略性进口贸易政策的研究。他们假设生产完全替代品的一家本国企业与一家外国企业在本国市场上进行竞争，则关税一般会提高本国福利。但在配额制度下，政府把进口特许权发放给某些厂商，使其获取高额利润。由于进口数量下降，商品价格提高，消费者剩余的减少大于厂商超额利润与政府收入之和，从而出现净福利损失。也有学者认为，在贸易政策中，关税设置本质上是损人利己的，它违背了帕累托标准，从而导致国际贸易在整体上的效率损失。
- 产权制度对消费者剩余的影响。产权制度对消费者剩余是有影响的。诺思认为，国家是一个带有歧视性的垄断者组织，它不可能超越各种社会利益集团而追求整个社会福利的最大化和始终为社会提供有效的产权，“即使对历史和当代世界作一般的考察，也可以清楚地看到‘无效率’的产权是常态而非偶然。”在中国，企业产权扭曲度变动的福利效应与它是否会导致恶性竞争定价有关，如国有企业产权结构扭曲，使消费者行为约束弱化，消费者行为约束是“软约束”。有人认为，没有理由认为，与私有产权相比，公有产权在资源配置方面一定是无效的。一般情况下，私有产权的高效性主要表现为所有者剩余的最大化，但它往往会侵蚀资源的其他剩余，比如劳动者剩余或消费者剩余。

同样假设在拍卖会上，有一张崭新的周杰伦首张专辑进行拍卖，你和三个杰迷（张三、李四和王五）出现在拍卖会上。你们每个人都想拥有这张专辑，但每个人为此付出的价格都有限，这代表你们四个人的支付意愿。你愿意用 1 000 元，张三愿意用 750 元，李四愿意用 700 元，王五愿意用 500 元。卖家为了卖出这张专辑，从 100 元开始叫价。由于你们四个买家愿意支付的价格比这要多得多，价格会很快上升。当卖者报出 800 元时，你得到了这张专辑。要注意的是，这张专辑将归对该专辑评价最高的买家。你用 800 元买到这张专辑，得到什么收益呢？你本来愿意为这张专辑出 1 000 元，但实际只付出 800 元。你得到了 200 元的消费者剩余。而其余的三个人在参与拍卖中没有得到消费者剩余，因为他们没有得到专辑，也没有花一分钱。因此，我们也可以简单地把消费者剩余定义为，我们每一个人都是消费者，在买东西时对所购买的物品有一种主观评价，消费者剩余等于消费者愿意付出的价格减去消费者实际付出的价格。

再比如，你在商场里看中了一件上衣，价格100元。你在购买时肯定要向卖衣服的人砍价，问他 80 元卖不卖，卖衣服的人理解消费者的这种心理，往往会同意让些利，促使消费者尽快决定，否则消费者就会产生到其他柜台看看的念头。讨价还价后可能在 90 元成交。在这个过程中消费者追求的是效用最大化吗？显然不是，这实际是消费者对这件衣服的主观评价而已，就是为所购买的物品支付的最高价格。如果市场价格高于你愿意支付的价格，你就会放弃购买，觉得不值，这时你的消费者剩余是负数，你就不会购买了；相反，如果市场价格低于你愿意支付的价格，你就会购买，觉得很值，这时就有了消费者剩余。消费者剩余是主观的，并不是消费者实际货币收入的增加，仅仅是一种心理上满足的感觉。买了消费者剩余为负的商品的感觉也不是金钱的实际损失，无非就是心理上有挨宰的感觉而已，就是我们对所购买的东西说值不值的含义。

然而，在现实生活中消费者并不总是能够得到消费者剩余的。在竞争不充分的情形下，厂商可以对某些商品提价，使这种利益归厂商所有。更有甚者，有些商家所卖商品并不明码标价，消费者去购买商品时就漫天要价，然后再与消费者讨价还价。例如，有些风景区卖玉石，开价时数万元，只要你想买，1 000 元也能成交。消费者要想在这场讨价还价中获得消费者剩余，就需要对这个商品的真实价格有一些基础的了解。

3.4 讨价还价才能获取更高的消费者剩余

学生的面子比较薄，购物中最不擅长的就是讨价还价。对不少学生而言，在商店中讨价还价可能比考试还要痛苦。也就是出于这个原因，叶知秋每次购物结束后随之而来的都是无尽的后悔，总会认为购买的价格太高。实际上如果要减少消费后悔感，就必须讨价还价。

在购物中讨价还价是必需的，如果碍于面子不愿意讨价还价，那么损失的只能是“里子”。讨价还价是买卖双方竞争的表现，商品价格正是在买卖双方的竞争中最终形成的。商品价值决定商品价格，供求关系影响价格，这是由价值规律决定的，不会因为讨价还价而改变。就具体的一次交易而言，即使存在讨价还价，商品价格也不一定低于商品价值。同样，能够进行讨价还价的商品的标价也不一定高于商品价值。讨价还价不意味着小气和抠门，而是一种自我保护的法宝，一种消费智慧的体现。

许多人认为价格可随意制定，其涨落无迹可循。但在经济学家的眼里，价格并不是任意的。一件东西相对于另一件东西的价格，是由经济力量决定的。而价格又会对这些经济力量做出反应。可口可乐是一种价格低廉的普通食品，对于家庭来说花费不多，我们不会为了这里可口可乐的价格比超市高了30%而讨价还价，而汽车则是大件商品，买一辆汽车可能要花去家庭收入的很大一部分。这意味着什么呢？意味着为追求最大的消费者剩余，每个购买汽车的家庭都会花费大量的时间去询价以及讨价还价，所以同时期内同款型汽车的价格差异会很小；而在可口可乐的支出上，一个家庭不太会在乎他的价格是高了一倍还是少了一半，更不会为此花费时间和精力跑遍各个小卖部去询价和讨价还价，所以同一时间中可口可乐的价格差异相对会更大一些。

3.5 恋爱来了

大学生活中永远无法避开的一个经历，就是恋爱。恋爱是所有人都无法避免的。大学时代是恋爱的高发期，如果能知道一些经济学原理，对提高恋爱成功率会有不小的助益。能拥有经济学的思考方式，恋爱被动的局面可能会改观。

如果把大学里的恋爱比作产品的话，那么男生和女生就分别是爱情彼此的供给方和需求方，就像社会上存在着生产者和消费者一样，而恋爱双方的特殊性在于双方同时是这种产品的生产者和消费者，而供给和需求的运动结果就是恋爱。这个结果出现在供求曲线的交点（平衡点），而影响两者位置和运动是供求双方的外表、谈吐、学习、对对方的关心程度、个人偏好等。

处于均衡点以外的同学（俗称单身），可能是供给的产品不能满足消费者的效用（或者说你的眼光太高看不上喜欢你的人），也可能是你的爱情供给不能满足另一方的效用（或者说你喜欢的人眼光太高看不上你）。

这时候供求失衡，恋爱的问题产生了……

恋爱是稀缺的

大学恋爱不同于婚姻，如果说婚姻是具有法律效力的一纸合同（结婚证），那么恋爱就只能算是口头契约（总得有一方先提出在一起，然后另一方答应）。我们应当看到，这种口头契约是稀缺的，由于在 A 大学这个区域性市场里，男生女生并不均衡，这就注定了恋爱曲线的平衡点是难以寻觅的。

所以说，大学里的恋爱是稀缺性资源（男女比例失衡，总有一方是稀缺的），而经济学正是建立在资源的稀缺性基础之上；对男生来说（尤其工科学校的男生），若想获得恋爱这种稀缺性资源，就必须去主动追求女生，即提高供给曲线，来满足对方的效用。反过来，如果是艺术类院校，女生占大多数，那么女生的主动性就一定会高于男生。

成本问题

不管是男生还是女生，为了得到这种稀缺性就要付出成本和承担风险。先来谈谈成本问题。成本分为好多种。

1. 机会成本

这是指的是你放弃在大学里恋爱而能得到的最大收益。想一想，如果四年不恋爱，你的最大收益是什么？学习出类拔萃，组织能力得到锻炼，考取各种证书等。但是，正如大家一窝蜂地去报考研究生，却没有几个人真正想一辈子研究学问一样，恋爱巨大的正外部性（在渴望恋爱的男生看来），已经掩盖同样巨大的机会成本。比如，恋爱后势必减少了其他人际交往。

2. 显性成本

显性成本是指计入账内的、看得见的实际支出，例如支付的生产费用、工资费用、市场营销费用等，因而它是有形的成本。

追求对方，首先需要搭讪，要电话号码，约好下次见面的时间；然后请吃饭，陪逛街，请看电影，陪压马路，送礼物，尤其女友生日和情人节等“重要节日”，这些都是必不可少的环节。以男生为例，在一次次的约会中付出的成本包含以下几个方面。

- 时间成本，以上活动无一不需要时间去策划和实施。
- 精力成本，男生要竭尽全力展现出自己优秀的一面，健谈幽默等。贾平凹说，再枯燥的男人在女人面前也会变的幽默风趣。
- 金钱成本，大学男生没有经济来源，顶多就是奖学金与兼职的收入，基本上还是靠家里提供的生活费，男生为了追女生花费的金钱成本也是不可忽略的。

3. 隐性成本

隐性成本是一种隐藏于企业总成本之中、游离于财务审计监督之外的成本。

恋爱中男生女生几乎享受到的东西是一样的，比如互相关心，一起出去吃饭，看电影等。但花费大多是男生负担；同样作为恋爱的主体之一，男生也是需要被关爱的，需要得到精心策划的惊喜，但男生由于追求别人，处在主动的地位，自然就失去了这些，这不能不说是一笔巨大的隐性成本！

4．沉没成本

沉没成本指已经付出且不可收回的成本。

一旦人们做出选择，就会投入精力、金钱和物资。如果发现选择错误，就会使得以往投入变得一文不值，这就是经济学所说的“沉没成本”。

沉没成本已经付出且不可收回，这是被很多男生所忽略的，由于付出了巨大的时间金钱精力等而形成的沉没成本，让男生们往往处于不利的地位。总体上说，沉没成本的主要原因是路径依赖定理，即当你苦苦追求一个女生并为之付出成本后，即使失败也是不会轻易放弃的。又如，当男生煞费苦心地追求到心仪的女孩子后，发现两个人在一起根本不适合，比如女孩是由于苦苦追求才勉强答应情况，但沉没成本的存在会使放手变得不再轻松。

恋爱 or 不恋爱，这是个问题

在爱情面前，所有人都是不理智的，这起源于一种神秘的化学物质——多巴胺。在人类深邃的大脑中心部位的丘脑中，贮藏着丘比特之箭，它就叫多巴胺。当男生与女生一见钟情或经过多次了解产生爱慕之情时，丘脑中的多巴胺等神经递质就源源不断地分泌，势不可当地喷涌而出。于是，有了爱的感觉。然而，遗憾的是，人们的身体无法一直承受这种像可卡因的成分的刺激，到了一定时候，大脑只好取消这种念头，让那些化学成分在自我控制下自然地新陈代谢。这样的一个亢奋过程，通常就是所谓的热恋。

恋爱有巨大的外部性

当两个人交往时，都会尽量展现出自己好的一面，比如男生坚持态度友好、气质阳刚等；而女生也会很注意自己的形象，这不但给自己带来了美丽与信心，还给男孩带来了审美的愉悦，这是明显的正外部性的表现。但随着时间的流逝，这种外部性渐渐地消失了。因为这个女孩和男孩走到一起了，女孩拥有了这个男孩，把外部问题内部化。女孩的就是男孩的，男孩的就女孩的，于是外部性的问题消失了。结果也许就是两个人一起逃课去逛街，或者拌嘴吵架等，负的外部性体现了出来。

信息不对称问题

当人们决定做出选择的时候，信息的不对称与信息阻塞拦在了你面前。勇往直前的表白固然是一种选择，但往往成功率不高。你喜欢某个女孩，但不知道那个女孩是否也同样喜欢着你。这是一个比较难解决的关于信息透明的问题。如果能够解决这个问题，获得透明信息，就会给人在爱情方面带来成功。这种信息的不透明会带来极大的成本，有暗恋对象的男生可能会是很痛苦的，因为他不知道是否该表白，该在什么时候什么地方表白。同样，对于女孩也是如此。

根据金融市场的理论，解决信息不对称问题有三个方法。①信息披露，②抵押，③金融中介。前两个基本不适用。你不可能指望美女给你来一个自我大曝光，抵押更不可能。解决信息不对称问题往往需要第三方的信息传递，恋爱的金融中介往往是同寝室的人、朋友，为双方提供一个信息交流通道。此时，金融中介（朋友或者同学）是不能忽视的一个因素。金融中介需要收取手续费，实际两个人在一起之后避免不了请客，以感谢传递信息的同学或朋友，这可以看作是手续费的支出。

但是，无论通过金融中介（朋友或同学）还是直接交流，谁先表白都要冒一定的风险，这是一个博弈的过程。如果对方不接受，那是一件很伤自尊的事。

可是既然不管男追女还是女追男，都有相应的成本和问题，可为什么还有一种说法叫“男追女隔重山，女追男隔重纱”？这可以用效用分析法来解释。

在经济学中，效用是用来衡量消费者从一组商品和服务之中获得的幸福或者满足的尺度。可以把爱情的效用定义为男生和女生从恋爱中获得的主观的幸福感或满足感。先作如下假设：有 A 男和 B 女，双方条件互相可以接受，且没有第三方因素干扰，同时引入一个与道德等社会因素相关，受传统社会观念影响很大的外生变量，可以把它命名为“面子变量”（“面子变量”的影响大小也因人而异，这里只把它看作外生变量）。这样就把爱情的效用看作是收益与成本的函数，定义一个效用方程：效用=收益/成本。效用的大小与收益正相关，与成本负相关。

现在 A 男要追求 B 女。A 男在主动追求的过程中效用如何呢？其爱情收益与女生的爱情收益理论上说差不多，但由于他是主动出击，在“面子变量”的影响下，成功后心理上的满足感会提高预期收益，而“面子变量”对成本的影响远远低于女生，男生追求女生所获得的效用是比较大的。接下来我们假设 B 女要追求 A 男，承接前面的分析，双方的收益差不多，但在“面子变量”影响下，B 女的成本要大很多，所以获得的效用会比男生小。所以，一般都是男生主动的多，女生向来都是矜持的。

当 A 男追求 B 女时，而女生在考虑是否答应时，收益方面会比男生小，而成本方面因为机会成本等问题会变大，所以接收求爱的效用不会很大——这就是男追女隔重山的由来。

当 B 女追求 A 男时，A 男如果接受，效用会很大（面子变量使收益增加，不劳而获使成本减小）——这就是女追男隔重纱的由来。

假设的 A 男和 B 女互相爱慕，但因为恋爱中的信息不对称产生了博弈，如果男生缺乏勇气（面子变量的影响），打破不了博弈的平衡，一段可能的恋情就此销声匿迹，那就非常让人惋惜了。

3.6 占座是理性的最佳选择

大学生活由于课程不是特别的多，更多的时间需要通过自习来完成，自习室座位有限，而学生众多，因此产生了大量的占座问题。这种习惯又延续到了上课占座。

“占座”意味着什么？意味着你可以拥有令你满意的座位，可以不必伸长脖子穿过重重障碍捕捉老师的每一个动作、每一个眼神，可以不必端起眼镜费神地辨认黑板上的板书，可以不必“伸长”耳朵生怕漏听了什么，而这一切都意味着当你和你的同学同样用心时，你比他们更容易集中精神，获得更好的听课效果，最终得到更优异的成绩，而这一切都仅仅是因为你占了个好座位。

当然，天下没有免费的午餐，你需要为占座付出一定的代价。你可能无法在床上多躺一会儿，可能无法吃顿悠闲的早餐，它们是你为占座付出的机会成本，关键在于机会成本与收益比较孰轻孰重。对于一个学生而言取得好成绩的意义是不言自明的，而上述的机会成本，当你用积极的态度看待它们时完全可以被压缩到很小，甚至为负值——早起有益于身体健康，精力充沛，而把时间浪费在悠闲地吃早饭上是没有必要的。这么看来，你为占座付出的机会成本是很小的，而得到的收益却大得多，那么占座无疑是理性人的最佳选择。

替他人占座——理性人考虑边际量

我们发现那些占座的同学往往不仅为自己占座，还会为自己的室友占座。当然，这可能是因为这些同学比较细心周到。但是，从经济学的角度看，这里包含了“理性人考虑边际量”的原理。

当你已经提前赶到了教室，多占个座儿对你来说不过是举手之劳。在这里边际成本几乎不存在，而这一行为将带来怎样的边际收益呢？首先，你的室友可能会认为你很体贴，并因此提高对你的评价；其次，即便是你所服务的人不认为这是美德的表现，而将其视为一项投资，那么遵循等价交换的原则，在适当的场合下，他也必定会为之付出某种程度的报酬。

这种情况，民间叫做“顺水人情”，本小利大，何乐而不为呢？

固定占座人——发挥相对优势使交易群体获利

如果说，你们寝室每天需要有一个人负责占座，那么是每天轮流由不同的人充当占座人好呢，还是固定专人占座好呢？答案是后者。这体现了人们发挥自己的相对优势，创造价值，并将之与具有其他相对优势的人进行交易，从而使得交易各方从中获利的经济学原理。

轮流占座并非不可，大家的收益并未改变。问题在于，不同的人在这件事情上的机会成本是不同的。张三习惯晚睡，因此早起半个钟头对他来说无异于酷刑加身，勉强爬起来完成“神圣使命”，可能将导致一天的无精打采，哈欠连天。相反，李四习惯早起，占座对他来说不费吹灰之力。而王五不仅可以早起，而且拥有“先进”的代步工具——电动车，占座对他来说更加容易。三者在占座这一行为的相对优势比较中，王五＞李四＞张三。那么当在三人中选择占座代表时，王五无疑是最合适的，而张三也许可以利用晚睡的时间为大家提水，李四也许可以利用早起时间去买早餐。于是各自发挥相对优势，结果使整个群体从中获利。

座位轮换制——另一种制度的设计

抨击“占座”的人，往往会指出占座违背了公平原则，每个人都应当平等地拥有占据好座位的机会。于是他们提出自认为公平的制度——座位轮换制，即每人编号入座，每周逐排调动。

这种制度的优越性有三点。首先，它的操作性较强。其次，它为人们提供了明确的预期。你可以不必为占座操心，因为座位就在那里等你，因此你可以更灵活地安排自己的时间。最后，正如它的支持者所言，在长时间内每个人都有机会获得好位子（当然也必然获得坏位子），于是实现了一种表面上的公平。

而这种制度的弊端在于，它极有可能引发无效率的结果，因此从实质上背离了公平原则。首先，由于它是强制性的而非建立在个人自由意志基础上的，就会出现两种情况，一方面，那些给予某些座位最高评价的人得不到该座位；而另一方面，某些人可能由于对这门课不感兴趣而对这些“女子”座位评价很低。于是这些座位无法在他们身上发挥最大效用，甚至还会由于他们的缺席而导致资源的无谓损失。这种趋势的出现，正如一边是穷人食不果腹，一边是富人挥霍无度的反差。你能说这是公平的吗？其次，座位轮换制显然使前面论及的种种占座所带来的好处都无法实现。

发现，座位轮换制弊大于利，而导致其无效率的根本原因在于其违背了竞争原则。考察“座位轮换制”，我们会发现它与计划经济思维模式何其相似，而几十年单一计划经济带来经济落后的教训告诉我们，竞争观念必须加强。

运用“行政”手段——对占座无效率的克服

至此，我们已经看到了占座带来的种种优越性。但是这一制度在具体实施中，由于运用不当也可能造成无效率情形的出现。因此，我们还需进一步讨论对这种无效率的抑制。

比如说，如果 8 点上课，而楼门 6 点就打开了，由于竞争的存在，这意味着占座人必须 6 点前赶到，由此便加大了占座的机会成本，影响了人们的获利。于是，在一定情况下，当人们认为机会成本超过了其收益时，便会退出竞争，而使占座带来的优越性得不到发挥。更严重的是，由于必定有人坚守阵地，而这个坚守者作为一个理性人，为了弥补这部分增加的机会成本必定会努力扩大收益。由于此时不存在其他竞争者，他想占多少座位都不受限制，于是他便形成了对座位的垄断，那些对座位高评价的人仍无法得到座位，从而导致无效率、不公平。那么是不是需要对占座的数量加以限制呢？答案是不需要，也不可能（因为没有人可以监督他占了多少座位）。事实上，只要将开门时间进行调整即可。当调整到上课前半小时，竞争的介入便有效地遏制了这一情况。

再如，有人长期以书占座，妄图一劳永逸，对付这一行为的措施是开门前将书收回，以保证每个人有平等竞争的机会。

3.7 选举出现阿罗不可能定理

大学第一个学期的班委人选由班主任确定，选择标准仅仅是学生档案中的中学情况说明。一般在中学长期担任班长的人通常会在第一学期成为指定的班长。之后进行的是班内学生的票选，每个同学都能推选自己的候选人，并采用不记名差额票选。实际上这种选举方式从经济学上考量还是存在一定的问题。

阿罗不可能性定理指出，如果众多的社会成员具有不同的偏好，而社会又有多种备选方案，那么在民主的制度下不可能得到令所有人都满意的结果。

选举的意义恐怕就在于大家根据多数票原则，通过投票推举出最受爱戴或信赖的人。然而，通过选举能否达到这个目的呢？1972年诺贝尔经济学奖获得者、美国经济学家阿罗采用数学中的公理化方法，于1951年深入研究了这个问题，并得出了在大多数情况下否定的结论，那就是鼎鼎大名的**阿罗不可能定理**。阿罗不可能定理是指在一般情况下，要从已知的各种个人偏好顺序中推导出统一的社会偏好顺序是不可能的。

假定有张三、李四、王五三个人，他们为自己最喜欢的明星发生了争执。他们在甲、乙、丙三人谁更受观众欢迎的问题上争执不下，张三排的顺序是甲、乙、丙。李四排的顺序是乙、丙、甲。王五排的顺序是丙、甲、乙。到底谁更受欢迎呢？没有一个大家都认可的结果。如果规定每人只投一票，三个明星将各得一票，无法分出胜负；如果改为对每两个明星都采取三人投票然后依少数服从多数的原则决定次序，结果又会怎样呢？

首先看对甲和乙的评价，由于张三和王五都把甲放在乙的前边，二人都会选择甲而放弃乙，只有李四认为乙的魅力大于甲，依少数服从多数的原则，第一轮甲以二比一胜出。再看对乙和丙的评价，张三和李四都认为应把乙放在丙的前边，只有王五一人投丙的票。在第二轮角逐中，自然是乙胜出。接着再来看对甲和丙的评价，李四和王五都认为还是丙更棒，只有张三认为应该把甲放在前边，第三轮当然是丙获胜。

通过这三轮投票，我们发现对甲的评价大于乙，对乙的评价大于丙，而对丙的评价又大于甲，很明显我们陷入了一个循环的境地。这就是“投票悖论”，也就是不管采用何种游戏规则，都无法通过投票得出符合游戏规则的结果。如果世界上的问题仅限于选明星的事情就好办多了，关键在于一些关系到国家命运的事情的决定上，往往也会出现上述的投票悖论问题。对此很多人进行了探讨，但都没有拿出更有说服力的办法。

在所有人为寻找“最优公共选择原则”奔忙而无获的时候，美国经济学家阿罗经过苦心研究，在 1951 年出版的《社会选择与个人价值》提出他的不可能定理，并为此获得了 1972 年诺贝尔经济学奖。阿罗不可能定理的意思是，只要给出几个选择者都必然会接受的前提条件，在这些前提条件的规定下，人们在一般或普遍意义上不可能找到一套规则（或程序）在个人选择顺序的基础上推导出来。由此进一步推导出，在一般或普遍意义上，无法找到能保证所有选择者的福利只会增加不会受损的社会状态。

阿罗所说的几个选择者必然接受的条件是：① 广泛性，至少有三个或三个以上的备选方案，以供选择者选择；② 一致性，既一定的社会选择顺序以一定的个人选择为基础，但必须符合公众的一致偏好；③ 独立性，不相关的方案具有独立性；④ 独立主权原则，对备选方案的选择和确定，应由公民完全依据个人的喜好而定，不能由社会强加；⑤ 非独裁性，不能让每一个人的喜好决定整个社会对备选方案的排序顺序，应坚持自由和民主的原则。

阿罗认为上述五个相互独立的条件每一个都是必要的，但是要设计出能同时满足这些条件的社会福利函数是不可能的。导致不可能的原因在于条件 1 至条件 5 之间存在相互矛盾，因此不可能达成完全一致的结果。他从中得出了一个似乎不可思议的结论：没有任何解决办法能够摆脱“投票悖论”的阴影，在从个人偏好过渡到社会偏好时，能使社会偏好得到满足，又能代表广泛的个人偏好这样一种排序方法，只有强制与独裁。这样寻找合理的社会选择机制的努力就几乎陷入了困境。

同样来看一个例子，假设有甲、乙、丙三人，分别来自中国、日本和美国，而且是分别多年的好朋友。三人久别重逢，欣喜之余，决定一起吃饭叙旧。但是，不同的文化背景形成了他们不同的饮食习惯，对餐饮的要求各不相同，风格各异。每个人偏好排序如下。甲：中餐＞西餐＞日本餐；乙：日本餐＞中餐＞西餐；丙：西餐＞日本餐＞中餐。

如果用民主化的多数表决方式，结果如下所示，首先，在中餐和西餐中选择，甲、乙喜欢中餐，丙喜欢西餐；然后，在西餐和日本餐中选择，甲、丙喜欢西餐，乙喜欢日本餐；最后，在中餐和日本餐中选择，乙、丙喜欢日本餐，甲喜欢中餐。

三个人的最终表决结果如下。中餐＞西餐，西餐＞日本餐，日本餐＞中餐。可见，在这种情景下，利用少数服从多数的投票机制，将无法产生一个令所有人满意的结论。

阿罗不可能定理，打破了一些被人们认为是真理的观点，也让我们对公共选择和民主制度有了新的认识，因为我们所推崇的“少数服从多数”的社会选择方式不能满足“阿罗五个条件”，如市场有时会失灵一样，对公共选择原则也会导致民主的失效。因此多数票原则的合理性是有限度的。所以实际上选举并不能确保完全的公平。

3.8 行政和市场要有距离

大学和高中完全不同。高中采用紧逼式管理，班主任和学生之间的距离非常小。大学则不同，一个学期只能见到班主任几次。班主任或校领导作为行政管理，与学生还是要有一定的距离。这就好似距离产生美。

举世皆知，蒙娜丽莎的清丽无人能及。世界各地专程前来巴黎瞻仰她容貌的人们甚至要踏坏卢浮宫的门槛。但是，蒙娜丽莎的美，只能在距离油画两三米外才能显现，如果贴得太近，看到的只是一堆皱巴巴、杂乱不堪的油彩。雄居五岳之首的泰山，那磅礴的气势也要从山外来看，真进了山中，那石，那树，和别的山川也没有什么根本的不同。埃菲尔铁塔，从远处看蔚为壮观、气势磅礴，可走近了看，不过是一堆锈迹斑斑的钢条加铆钉。为什么？距离产生美。

政府与市场，同样需要距离。麦迪逊说过，“如果人人都是天使，就不需要任何政府了。如果是天使统治人，就不需要对政府有任何外来的或内在的监督了。”完成治理的基本功，做到对市场的不妨害，是一个政府在经济事务管理的最低纲领。这也是市场对政府的核心的、正当的、理性的要求。尤其在权力自上授予、对上负责的情况下，过于热心的参与往往是执政目标的不清所致。当地方政府在新的政治格局中获得了更大的权力时，这种区域竞赛似有进一步蔓延升温的迹象。当市场上的竞赛主体只是一些集合的、模糊的身影时，竞赛的魅力就已经失去了。

例如，现在土地市场秩序混乱，在某种程度上是因为政府离市场太近。许多年过去了，还依然能看到土地督察组的公告。违法审批、越权审批土地的行为仍未得到根本遏制，如个别地方基层政府违反规划，随意将大量农用地转为建设用地，违规扩大土地作为基础设施投资综合补偿范围，违规低价出让土地，擅自批准减免地价和土地有偿使用费；一些市县在招商引资中竞相压低地价，恶性竞争吸引投资者；个别地区经营性用地招标拍卖挂牌不甚规范，仍以协议方式出让土地。

市场经济客观要求政府必须将职能定位于制定土地市场规则、维护市场秩序、营造市场环境上，通过法律手段和经济手段调控市场，减少对市场的直接干预，以保护土地市场稳定、公平、安全运行。要解决这些问题，首先就是要从现在开始逐步规范政府行为，而不是反过来在现在的机制下再去强化政府各部门对市场经济活动的干预。

当然，距离不能变得太过遥远。否则，美丽也就不存在了。政府与市场保持适当的距离的时候，经济、社会的效率是最高的。政府与市场的距离渐行渐远，弊端开始显露。始于 20 世纪 80 年代末至 90 年代初

寻租现象指通过一些非生产性的行为对利益寻求的现象。

的那一轮圈地运动，在某种程度上是因为政策法规不够完善、政府宏观调控不够所致。1989年3月全国人民代表大会修改了宪法，补充了“土地使用权可以依法转让”一句，但是没有出台配套措施，没有对土地市场交易出台规范措施，也没有建立宏观调控机制。游戏规则存在漏洞，缺乏宏观调控，使一些投机者看到了发财的良机，只要通过关系获得土地，一转手就可以获取数倍乃至数十倍的暴利，于是，**寻租现象**蜂拥，“圈地运动”轰轰烈烈地开展起来。在那一轮“圈地运动”中，在一些地区，权钱交易几乎是公开的。手握实权的人和房地产商串通一气，以极低廉的象征性的价格大批圈占土地，然后转手获取暴利。有门路的国内外商人常越过基层办事单位，直接找省、市、县领导批地，发财后一走了之。这只能靠游戏规则来完善。

在世界历史上，很早就有寻租现象，主要是土地所有者把土地租让出去，从承租人那里获取经由土地和劳动创造出来的利润。美国经济学家布坎南将这种现象应用于经济学研究中，创立“寻租”理论。此理论指出，在市场经济不完善的情况下，各种利益主体往往利用行贿买通权力，从权钱交易中获得便利和保护，实现不平等竞争并享有高额利润。这种非正常情况下的利润就是现代经济学中的“租”。权力寻租成为权力腐败的原动力。

寻租现象是与市场经济原则严重背离的非正常现象。为什么会出现这一现象呢？寻租行为的产生，有两个基本前提，一是资源稀缺，二是权力分配。因有资源稀缺，所以谁能得到资源，谁就能获取较大的额外收益，因而也就愿意为此付出额外代价；因有权力分配，即稀缺资源的分配权掌握在一些部门和一些人的手中，所以为获取稀缺资源，需求者就必须向这些掌权者“寻租”，行之以贿赂。资源与权力相结合，便有了寻租行为产生的种子和土壤。

怎么从根本上防止寻租行为呢？说复杂很复杂，说简单也简单。凡属稀缺资源，都应该以市场手段公开招标拍卖，这是一个基本原则。如果一时做不到（确实也不可能事事都做到），那就必须从体制上保证行政权力在行使过程的公开和透明。在这里，公开和透明是解决问题的关键。透明，方能便于监督；透明，方能令小人不敢为也不便为。人们常说“公开、公平、公正”三原则。三者既相互区别，又相互联系。公开，是解决问题的基础；公正，是解决问题的准则；公平，则是解决问题的结果。

从根本上解决寻租现象只需要让行政远离市场，许多商业行为让市场来进行自我调节。

3.9 阿Q是幸福的

在学校的生活中每个学生的幸福感都比较强。这缘于两点，首先是学生的**效用**较高，其次是在校园中的欲望比较低。在消费中如果能

效用是用来衡量消费者从一组商品和服务之中获得的幸福或者满足的尺度。

保持对这两方面的控制，就能实现更高的幸福感。

幸福在哪里？《易经》曰："否极泰来，福之将至"。古希腊哲学家亚里士多德认为，善就是幸福，幸福是合于德性的现实活动。幸福有三个条件：身体（健康）、财富与德行，这三个条件需同时必备，人若缺乏理性与美德就没有幸福可言。梭伦认为，幸福包括五大要素：财富、年龄、健康、婚姻、人格。美国经济学家萨缪尔森提出了一个"幸福方程式"，其表达式是，幸福 = 效用/欲望。美国著名心理学家赛利格曼也提出了一个幸福公式，总幸福指数等于先天的遗传素质加后天的环境，再加你能主动控制的心理力量，其英文表达：H＝S＋C＋V。

消费的目的是获得幸福。对于什么是幸福，上面提到过"幸福方程式"，幸福=效用/欲望，从这个方程式中我们看到欲望与幸福成反比，也就是说人的欲望越大越不幸福。但我们知道人的欲望是无限的，那么再大的效用不也等于零吗？因此我们在分析消费者行为理论的时候先假定人的欲望是一定的。那么我们再来思考萨谬尔森提出的"幸福方程式"，真是觉得他对幸福与欲望关系的阐述太精辟了，难怪他是诺贝尔奖的获得者。

在社会生活中对于幸福不同的人有不同的理解，政治家把实现自己的理想和抱负作为最大的幸福；企业家把赚到更多的钱当作最大的幸福；明星认为名扬天下是最大的幸福；老百姓往往觉得平平淡淡，衣食无忧是最大的幸福。幸福是一种感觉，自己认为幸福就是幸福。但无论是什么人一般都会把拥有财富的多少看作是衡量幸福的标准，一个人的欲望水平与实际水平之间的差距越大，他就越痛苦。反之，就越幸福。从“幸福方程式”我想起了“阿Q精神”。

鲁迅笔下的阿Q形象，是用来唤醒中国老百姓的那种逆来顺受的劣根性。而我要说的是，人生如果一点“阿Q精神”都没有，会感到不幸福。“阿Q精神”在一定条件下是人生获取幸福的手段。市场经济发展到今天，贫富差距越来越大，如果穷人欲望过高，那只会给自己增加痛苦。倒不如用“知足常乐”，用“阿Q精神”来降低自己的欲望，虽然不是很富有，也能获得幸福感。富人有更多的财富，可是他追求的更多，如果得不到也会感到不幸福。

“知足常乐”“适可而止”“随遇而安”“退一步海阔天空”“该阿Q时得阿Q”，这些说法有着深刻的经济含义，我们要为自己幸福最大化做出理性的选择。

从经济学角度分析，公平与效率的有机统一是产生幸福的基础。条条道路通罗马，通往幸福的路有很多条，但基础条件是公平与效率的有机统一。

首先，幸福来自效用的增加，而效用的增加来自两个方面：绝对效用的增加和相对效用的增加。绝对效用是指不与他人相比较而产生的效用。相对效用是指与他人相比较而产生的效用。绝对效用与相对效用既互相联系又互相区别。绝对效用是相对效用产生的基础，相对效用是绝对效用的衍生。收入的增加既可以产生绝对效用，也可以产生相对效用。一方面，收入的增加肯定会在一定程度改善个人的生活处境，增加自身的绝对效用水平；但另一方面，当收入的增加不如别人的收入增加得快时，个人的相对效用水平未必就是增加的。所以，绝对效用增加，相对效用未必增加。同样的道理，相对效用增加，绝对效用也未必一定增加。

其次，当绝对效用与相对效用实现有机统一时，幸福才是真幸福。人追求幸福的过程也就是人的本质的实现过程。人的本质是自然属性与社会属性的有机统一。人既具有自然属性，也具有社会属性。自然属性是社会属性的基础，社会属性是自然属性的灵魂。自然属性离不开社会属性，社会属性也离不开自然属性，二者是同一枚硬币的两面。而绝对效用源于自然属性的满足，相对效用来自社会属性的满足。所以，当一个人实现了绝对效用与相对效用的有机统一时，人才能有一种本质的实现感，人才能体验到一种真正的幸福和满足。

再次，效率是产生绝对效用的基础。效率就是投入与产出之比。人类财富绝对量的增加，根本条件是效率。

最后，公平是产生相对效用的基础。所谓公平，是指甲对自己的投入与获得之比的效用值与甲对乙的投入与获得之比的效用值相等，这时甲对乙而言，甲就有一种公平感。没有公平，相对效用的产生是残缺的。因为没有公平，一个人的幸福也就意味着另一个人的痛苦；一个人的相对效用的增加同时也就意味着另一个人的相对效用的减少。有了公平，相对效用的产生才是完整的。因为有了公平，个人幸福与社会幸福也就实现了有机统一，幸福也才能成为真幸福，而不是伪幸福。因为在公平原则下，个人的付出最终是有回报的，个人对社会付出的越多，社会对个人的回报也就越多，这时个人的利他最终就是利己，个人也就实现了利他与利己的统一，这时利他就会成为社会的主流。在这种情况下，个人幸福的增加也就意味着社会幸福的增加，社会幸福的增加同时也意味着个人幸福的增加。

由此可知，公平与效率的有机统一，也就意味着绝对效用与相对效用的有机统一。经济总是存在着不均衡，所以在不同的阶段，可有不同的重点的选择。当效率成为企业的主要矛盾时，企业策略的重点就应该是大力提高效率；当公平成为企业的主要矛盾时，企业策略就应该是重点解决公平问题。但不管何种情况，都应坚持公平与效率相统一的原则，而不是将其对立起来。因为对立也就意味着收益增长与幸福的分离，意味着手段成了目的，目的成了手段。

第 4 章

故事总在发生

4.1 股票是烧饼

在大学的第二年，叶知秋申请学费缓交，在证券交易所开了一个**股票**交易账户，将一学年的学费作为操作资金，进行炒股。叶知秋认为这是一种挺理智的行为，至少在缓交学费这件事情上是如此，因为缓交实际上就是可以拥有一年学费的投资收益，即便存在银行也能获得利息的收益。但是叶知秋后来明白了将钱投入股市中不是一件很明智的事情。在牛市中看起来人人都在赚钱！到底谁在亏钱？一个故事可以清楚地说明谁亏钱了。

股票是股份有限公司在筹集资本时向出资人发行的股份凭证，代表其持有者（股东）对股份公司的所有权。

假设一个市场，有两个人在卖烧饼，有且只有两个人，姑且称他们为烧饼甲、烧饼乙。

假设他们的烧饼价格没有物价局监管。

假设他们每个烧饼卖 1 元钱就可以保本（包括他们的劳动力价值）。

假设他们的烧饼数量一样多。（经济模型就是这样，需要很多假设。）

再假设他们的生意很不好，一个买烧饼的人都没有。这样他们很无聊地站了半天。

甲说："好无聊。"

乙说："好无聊。"

看故事的你们说："好无聊。"

这个时候的市场叫做很不活跃！

为了让大家不无聊，甲对乙说："要不我们玩个游戏？"乙赞成。

于是，故事开始了……

甲花1元钱买乙一个烧饼，乙也花1元钱买甲一个烧饼，现金交付。

甲再花2元钱买乙一个烧饼，乙也花2元钱买甲一个烧饼，现金交付。

甲再花3元钱买乙一个烧饼，乙也花3元钱买甲一个烧饼，现金交付。

……

于是在整个市场的人（包括看故事的你）看来，烧饼的价格飞涨，不一会儿就涨到了每个烧饼 60 元。但只要甲和乙手上的烧饼数一样，那么谁都没有赚钱，谁也没有亏钱，但是他们重估以后的资产"增值"了！甲乙拥有高出过去很多倍的"财富"，他们的身价提高了很多，"市值"增加了很多。

这个时候有路人丙路过，一个小时前他路过的时候问清烧饼是1元一个，现在发现是60元一个，他很惊讶。

一个小时以后，路人丙发现烧饼已经是100元一个，他更惊讶了。

又一个小时以后，路人丙发现烧饼已经是120元一个了，他毫不犹豫地买了一个。因为他是个投资兼投机家，他确信烧饼价格还会涨，价格上还有上升空间，并且有人给出了超过 200 元的"目标价"（在股票市场，他叫股民，给出目标价的人叫研究员）。

在烧饼甲、烧饼乙“赚钱”的示范效应下，甚至路人丙赚钱的示范效应下，接下来买烧饼的路人越来越多，参与买卖的人也越来越多，烧饼价格节节攀升，所有的人都非常高兴。而奇怪的是，所有人都没有亏钱……

这个时候，你可以想象，甲和乙谁手上的烧饼少，即谁的资产少，谁就真正地赚钱了。参与购买的人，谁手上没烧饼了，谁就真正赚钱了！但是卖了烧饼的人都很后悔——因为烧饼价格还在飞快地涨……

那谁亏了钱呢？

答案是，谁也没有亏钱。因为很多出高价购买烧饼的人手上持有大家公认的优质等值资产——烧饼！而烧饼显然比现金好！现金存银行能有多少一点利息啊！哪比得上价格飞涨的烧饼啊！大家甚至一致认为市场烧饼供不应求，可不可以买烧饼期货啊？于是出现了认购权证……

有人问，买烧饼永远不会亏钱吗？看样子是的。但这个世界就那么奇怪，市场上来了一个小孩说：“一定有亏钱的时候。”那么哪一天大家会亏钱呢？

假设一：市场上来了个物价部门，他认为烧饼的定价应该是每个 1 元。（监管）

假设二：市场出现了很多做烧饼的，而且价格就是每个 1 元。（同样题材）

假设三：市场出现了很多可供玩这种游戏的商品。（发行）

假设四：大家突然发现这只不过是个烧饼！（价值发现）

假设五：没有人再愿意玩互相买卖的游戏了。（真相大白）

如果有一天，任何一个假设出现了，那么这一天，有烧饼的人就亏钱了！那谁赚钱了？就是最少占有资产——烧饼的人！

这个卖烧饼的故事非常简单，人人都觉得高价买烧饼的人是傻瓜，可是股票市场上就是有很多这样的人，每个人都可能成为一个持有高价烧饼的路人！

这就是中国的股市，上市的未必是最优秀的企业，股价也不完全与企业效益关联。在这里，从 2 000 点到 6 000 点用了 14 个月，从 6 000 点回到 2 000 点也正好用了 14 个月，巴菲特如果是中国股市的散户，也只能裸泳了。

4.2 明星很经济

叶知秋上大学的时候，周杰伦的第一张唱片刚刚发布，学校的女生正在追看 F4 的《流星花园》，很多人都愿意为仔仔付费。现在也依然如此，TFboys 在台上唱歌，台下高喊“我的命拿去”的女生肯定愿意花费大量的金钱来支持 TFboys。从精粹的经济学角度看明星本质上就是一件商品，和提供满足消费的商品，如可乐、手机没有什么区别。

什么是明星？《辞海》解释：① 明亮的星。也专指太白星，即“金星”。《诗·郑风·女曰鸡鸣》：“子兴视夜，明星有烂。”《尔雅·释天》：“明星谓之启明。”郭璞注：“太白星也，晨见东方为启明，昏见西方为太白。”② 传说中华山仙女名。《太平广记》卷五十九引《集仙录》：“明星玉女者，居华山，服玉浆，白日升天。”李白《古风》：“西上莲花山，迢迢见明星。素手把芙蓉，虚步蹑太清。”华山有莲花峰。③ 对著名演员、运动员等的夸耀性称号，如电影明星。现在所指的明星，也可以是指在各行各业产生重要影响并被大众所追捧的一些现实人物。

明星实质是神话意识在现实人物中的一种折射。神话意识是人类应对无限性的一种手段和方式。神话意识的产生，有着深刻的现实和知识根源。

资源的有限性与欲望的无限性是神话意识产生的现实根源。一方面，社会经济资源是有限的；另一方面，人的欲望又是无穷的。如何解决这一矛盾，人类社会主要是通过两种途径。① 在现实世界通过资源配置的效率化和公平化来尽可能实现欲望的最大满足。这种途径主要采取制度创新和技术创新来解决问题。② 通过一个虚拟的神圣世界将这一矛盾交给一个权威去解决。这种途径主要是通过神话方式来实现。由于有限的空间和时间容纳不了无限的欲望，于是人自身就陷入痛苦之渊。如何解决问题，将无限性分裂出去就是一种有效的选择。但分裂并不意味着要完全放弃对无限欲望的追求，而是要寻找一种新的实现途径，神话就是这种分裂的结果。通过分裂，人自身将有限性留给了现实的世界，将无限性留给了虚拟世界，从而有效地缓解了有限与无限矛盾的张力，减少了人在现实世界所面临的痛苦和不安，也实现了自身内心世界的平衡，这也客观增加了人生的效用水平。所以，神话可以看成是人类为解决资源有限性与欲望无限性的矛盾而为自身设定的一种虚拟手段。这听起是不是和网络游戏类似？没错，网络游戏在解决无限欲望，提高幸福感方面有很大的作用。

人类认知水平的有限性和知识的不确定性是神话意识产生的知识根源。罗素在《人类的知识》最后一页中写道："全部人类知识都是不确定的、不精确的和不全面的。"面对不确定性，如何应对，人类主要通过三种途径。① 努力通过科学研究，来提高对世界认识的确定性。② 通过创新制度系统，增加人类活动的确定性。海纳指出，制度起因于个人在面临不确定性时所做的努力，通过限制人们的有效选择并因此使行为可预测，从而减少不确定性。没有制度就没有秩序、没有社会、没有经济、没有国家组织。③ 通过神话方式来解决。在某种意义上，神话也可以看作人类应付不确定性的一种特殊方式。神话在减少不确定性方面主要有这样一些功能。① 为不确定性的存在提供一定的解释依据。② 减少人类在面对不确定性时所产生的恐惧感。③ 通过将不确定性交给神圣世界而为人类自身寻求一种精神解脱。

对于突破有限性的手段，人们既离不开对上天和超自然界的寄托，也不能忽视在地上和自然界的发现。一方面，人们希望在神话意识中寻找解决无限性的方式和手段，但问题是人们将无限性的解决完全寄托于超自然界的现实效果并不总是理想的。超自然界是缥缈和遥远的，而且超自然界本身也是不确定的，但自然界是可感知和确定的。所以，另一方面，人们也希望在自然界中寻找超越有限性的手段和方式。如何寻找替代物，那些在现实生活中有优异表现的人物就成了首选。一些人之所以能成为明星，是因为他们以追求成功为基础。追求成功是人生的本能，人类对成功的追求就是对梦和神话的追求。但成功并非属于任何人，成功总是属于一部分人或少数人。由于自身素质、运气或是勤奋的原因，一些人在某些方面取得了巨大的成功，这些人自然也就成了别人神话的对象，成了别人精神的寄托者和崇拜者。人们追捧明星，一方面是因为明星的成功为自己的成功提供了一条可借鉴的路径和榜样。人们追捧明星，深层次真正的目的是自我的成功，而明星人物的现实性也增大了明星本人提供的这种榜样作用。另一方面是明星的成功也为其他不成功的人提供了一种间接的精神补偿。一个人的成功，既为其他人提供了进一步努力的动力和方向，也为其他人提供了一种精神解脱。当一个人由于各方面条件的限制而无法实现对有限性的更大突破和超越时，明星的成功，就为这种突破和超越提供了一种间接补偿，提供了一种间接的征服感和胜利感。我不能征服和超越你，但别人征服和超越了你，别人也就为我提供了一种间接安慰感，我也可以从别人身上分享到一种胜利感和征服感。所以，明星也为大众提供了一种精神收益：成就感和间接满足感。

4.3 明星的示范效应

明星提供了一种精神收益，拥有与自己喜欢的明星相关的东西能让自己感觉更好。但实际上人们在消费明星的时候并非完全理智（其实消

> 消费者在认识和处理自己的收入、消费及其相互关系时，会不自觉地和其他消费者比较，以认定自己的所属类别，这时候其他消费者对这个消费者的影响，就称为**示范效应。**

费任何的产品都可能不理智），某个明星先获得了宿舍内少部分人的喜欢，随后宿舍内的其他人也喜欢这个明星。这其实不完全是出于自己的喜好，而很重要一个原因是**示范效应**。

消费者在认知和处理自己的收入与消费及其相互关系时，会和其他消费者进行比较。例如，当捐款号召发出的时候，这对捐款的人来说当然是消费支出。有些消费者在这时不一定是看自己收入的高低，不一定收入高的人就捐得多，收入低的人就捐得少。一些消费者会先看看周围的人捐了多少，他会根据自己的判断，觉得自己应该跟哪些人捐得一样多。如果他收入高点，也不一定会多捐，因为担心有出风头的嫌疑。如果他收入较低，也要向某一部分人看齐，甚至“打肿脸充胖子”，因为不愿意人家说他小气。这里所表现的是消费的示范效应。它是指一些消费者的消费支出会受到周围其他某些消费者的影响，他认为自己属于那一类人。

当然，学生不会和他的爷爷穿一样的衣服，而是会和他的同学穿一样的衣服，背一样的挎包，理一样的头发等。这是因为消费者分成了许多群体，有许多消费者自觉不自觉地把自己算在一定的群体内，他的消费向这个群体内的其他人看齐。

其实，一个群体内总要有人带头。那些起带头作用的人，或者说，引导消费新潮流的人，他们的消费心理与别人不同，不一定看人家怎么消费，甚至希望表现得与众不同，不愿意和别人穿一样的衣服，背一样的挎包，理一样的头发。他们喜欢“标新立异”。这样，有些人喜欢和别人一样，跟着潮流走；有些人喜欢和别人不一样，创造新的潮流。

每一个消费者都是极其复杂的。在某些场合可能向别人看齐，而在另一些场合可能标新立异。有些消费领域示范作用比较明显，有些消费领域示范效应不是很明显。有些消费即使大家都一样，也算不得示范效应，比如人们在日常生活中很多方面都是相同的。

同样，在 A 大学的女生宿舍中许多人都喜欢周杰伦，就源于示范效应。同宿舍的女生都希望自己成为宿舍核心成员，并且和其他人有更融洽的关系，为了保持这一点，相似性就非常重要，如果有共同的话题和爱好，双方的关系就能更加亲密。当宿舍中的某个女生喜欢上了周杰伦并且通过自己的富有感染力的表达表示出对周杰伦的喜爱时，其他女生在示范效应的作用下，往往会附和，即便自己真正喜欢的是蔡国庆。

示范效应就是某个人（或群体）的行为被视作榜样，其他人向其学习而产生的影响。这就是我们爱说的“榜样的力量是无穷的”。据传，中国自南唐李熠起欣赏小脚，以至于此后世代兴起缠足风，一直延续到民国时期。究其原因，也是源于李后主宠爱的一位嫔妃。这位名妃以帛缠足，脚小可人。“上有好之，下必其焉”，于是女人们竞相仿效。

有个要卖马的人，一连卖了三天都无人过问。他就去见相马专家伯乐，说：“我要卖一匹马，可一连三天都无人过问。请您无论如何帮助我一下。您只要围着我的马看几圈，走开后回头再看一看，我奉送您一天的花费。”伯乐同意了，真的去市场上围着马看了几圈，临走时又回头看了看，伯乐刚一离开，马价立刻暴涨了十倍。

还有一个有趣的例子。一个出版商有一批滞销书久久不能脱手，他忽然想出了非常妙的主意：给总统送去一本书，并三番五次去征求意见。忙于政务的总统不愿与他多纠缠，便回了一句，“这本书不错。”出版商便大做广告，“现有总统喜爱的书出售。”于是这些书被一抢而空。不久，这个出版商又有书卖不出去，又送了一本给总统。总统上了一回当，想奚落他，就说：“这本书糟透了。”出版商闻之，脑子一转，又做了广告，“现有总统讨厌的书出售。”又有不少人出于好奇争相购买，书又售尽。第三次，出版商将书送给总统，总统接受了前两次教训，便不作任何答复。出版商却大做广告，“现有令总统难以下结论的书，欲购从速。”居然又被一抢而空。总统哭笑不得，商人大发其财。这就是示范效应，只不过现在的榜样已经变成明星，明星具有强大的示范效应。

示范效应的力量巨大。例如，旅游者不仅给旅游区带来了金钱，还可能带来有感染性的、触目可见的“消费者”生活方式。在城市里的旅游者及其消费习惯也许不会引起市民的特别注意，但在经济落后的地区，旅游者的招摇过市，不仅耀人眼目，而且具有冲击效果。食品、饮料、地方文化、当地服务业、纪念品，以及其他所有旅游区内向游客出售的商业享受，都会在当地居民中间树立起比传统生活水准更高的物质享受的风气。这种风范可能导致所谓的示范效应现象。

示范效应的表现形式，能以各种各样的面貌出现。由于当地人把钱更多地花在购买物质享受上，当地人就不会像旅游者到来之前那样，积蓄钱财，并把它们放在投资上了。请注意，如果这些物质资料都来自进口，那么，示范效应就会破坏当地经济的收支平衡。

示范效应也有可能产生所谓边际人的社会混血儿现象。所谓边际人，是指接受并力求推进旅游者的价值观和生活方式的当地居民，他们常常并不能如愿以偿，但由于他们的尝试，他们常被其同胞视为当地价值观的“叛逆者”。他们变成处于两种文化之间的人，并生活在两种文化的边际。

4.4 学生可以更有钱

“好消息，可乐降价了，同样的钱可以购买更多的可乐了。”这背后的意思就是钱更值钱了，学生的生活费用一般都是固定的，需要合理的分配。钱最终用于消费。如果某种商品降价了，就意味着可以购买更多的这种商品，或者将一部分原本用于购买这种商品的钱转而购买其他商品，这就意味着钱更多了。

消费者最不愿看见的事情是什么？人们凭直觉都会回答：涨价。这个直觉没错。如果商品的价格上涨而消费者的货币收入没有改变，那么这些收入能够买到的东西就会减少。用经济学的行话来说，消费者的实际收入下降了。这就是价格上涨的收入效应。因为收入效应的存在，消费者当然不喜欢涨价了。

收入效应指某种商品价格下降，如果消费者的货币工资不变，则其实际（消费能力）增加，可以多购一些上述商品。如果某种商品涨价，效果则正好相反。

一种商品价格的变化会引起该商品的需求量的变化，这种变化可以被分解为替代效应和**收入效应**两个部分。

当一种商品的价格发生变化时，会对消费者产生两种影响。一是使消费者的实际收入水平发生变化。在这里，实际收入水平的变化被定义为效用水平的变化。二是使商品的相对价格发生变化。这两种变化都会改变消费者对该种商品的需求量。

例如，在消费者购买商品 X 和商品 Y 两种商品的情况下，商品 X 的价格下降。一方面，对于消费者来说，虽然货币收入不变，但是现有的货币收入的购买力增强了，也就是说实际收入水平提高了。实际收入水平的提高，会使消费者改变对这两种商品的购买量，从而达到更高的效用水平。这就是收入效应。另一方面，商品 X 价格的下降，使得商品 X 相对于价格不变的商品 Y 来说，较以前便宜了。商品相对价格的这种变化，会使消费者增加对商品 X 的购买而减少对商品 Y 的购买。这就是替代效应。显然，替代效应不考虑实际收入水平变动的影响，所以，替代效应不改变消费者的效用水平。当然，也可以同样地分析商品 X 的价格提高时的替代效应和收入效应，只是情况刚好相反罢了。

综上所述，一种商品价格变动所引起的该商品需求量变动的总效应可以被分解为替代效应和收入效应两个部分，即总效应=替代效应+收入效应。其中，由商品的价格变动引起实际收入水平变动，进而由实际收入水平变动所引起的商品需求量的变动，称为收入效应。由商品价格变动引起商品相对价格的变动，进而由商品的相对价格变动所引起的商品需求量的变动为替代效应。收入效应表示消费者的效用水平发生变化，替代效应则不改变消费者的效用水平。

不管是收入效应还是替代效应，最主要的来自我们对于消费的偏好。偏好是主观的，也是相对的。**偏好**实际是潜藏在人们内心的一种情感和倾向，它是非直观的，引起偏好的感性因素多于理性因素。偏好有明显的个体差异，也呈现出群体特征。偏好，是微观经济学的最基本的假设，它包括传递性、非饱和性、完全性三种特性。

偏好是指消费者按照自己的意愿对可供选择的商品组合进行的排列。

消费偏好是指消费者对特定的商品、商店或商标产生特殊的信任，重复、习惯地前往一定的商店，或反复、习惯地购买同一商标或品牌的商品。属于这种类型的消费者，常在潜意识的支配下采取行动。

消费偏好又称为“消费者嗜好”。它是对商品或劳务优劣性所产生的主观的感觉或评价。偏好受文化因素、经济因素、社会因素等多种因素影响。偏好的重要性质是偏好的有序化，即消费者对于商品组织的偏好程度是有顺序的，偏好的有序化具有偏好公理中所规定的行为公理。

常见的偏好主要是习惯、方便和名气。由于消费者行为方式的定型化，经常消费某种商品或经常采取某种消费方式，这会使消费者在心理上产生一种定向的结果。这种情况几乎每个消费者都有，只是习惯的方面及稳定程度不同。

消费者把方便与否作为选择消费品和劳务以及消费方式的第一标准，以求在消费活动中尽可能地节约时间。

消费者把消费品的名气作为选择与否的前提条件。购买活动中，首先要求商品是名牌。只要是名牌，投入再多货币也甘愿。这大多是基于消费者对名牌商品质量的信任，有时也受周围人情感动机的影响。但是，偏好受收入和产品价格的约束。

形成偏好的因素有很多，最主要的有以下几种。

1．消费价值观形成的消费偏好

消费价值观是消费群体对消费对象整体化的评价或价值取向，是消费者心理结构的核心。它反映了消费主体所处的文化环境和文化传统对其心理的制约与影响。这种作用集中体现在消费者对商品的使用价值、社会价值和文化价值的评价上，同时也规定了消费行为的基本特点。不同的国家、民族和地区的消费者所处的文化背景的不同，导致了他们在价值评估和取向上的差异性，形成了不同的消费行为特征。

这说明消费价值观念是和各民族的传统价值文化理念紧密地联系在一起的，它们之间具有深厚的认知基础。消费者对所购商品的享用，一方面是为了获取它的使用价值，另一方面则是为了追求商品的文化价值。只有当企业提供的商品所蕴含的价值取向与消费者的价值取向产生共鸣时，消费者才会为表现对这种取向的认同进入购买过程。

2. 消费审美取向形成的消费偏好

消费审美取向是指人们对消费对象的欣赏和对情趣的感受，是文化环境与人的心理交互作用的衍生物。文化的民族性和国度性在消费者的审美取向上都有深刻的反映，这造成消费者的审美消费行为具有文化的选择性。研究发现，同种文化中的消费者的审美标准和审美情趣具有高度的趋同特征，它作为一种消费需求反映在市场活动中构成了同质市场。从这个意义上说，文化因素对消费者审美取向的制约和选择是我们区分市场性质的隐性标准之一。忽视了这一点，就缺乏对市场的深刻洞察力，必然对其营销活动产生不利的影响。

3. 文化背景形成的消费偏好

长期生活在一种文化中的人们，在其性格塑造过程中必定会打上文化的烙印。文化对人的性格的制约，一是规范人们基本生活态度和基本观点，二是调控人们行为的基本倾向。最能反映文化对性格形成作用的、在大多数民族成员身上都体现出来的典型特征构成了民族性格。不同的文化形成不同的民族性格，不同的民族性格造就了消费行为倾向的差别。

如西方民族的典型性格是外向和奔放，而中华民族的典型性格则是内向和含蓄，这两种民族性格的不同使中国人和西方人的消费行为截然不同。中国人在消费中一般不善于直接表达自己的喜怒哀乐等情绪，大家都喜欢含而不露的消费风格，商家时常感到对消费者心理有些揣摩不透，在营销工作中时有隔山打虎的感觉。而西方消费者在消费过程中，总喜欢直截了当地表达自己的消费愿望，由于西方顾客比较容易接近，营销人员在推销产品时就有了较多的成功机会。相比而言，营销人员面对中国消费者时，要更多地“察言观色”。通过提高工作艺术性降低由于消费者性格内向而给营销工作带来的难度，为自己创造更多的成交机会。

4．民风民俗导致消费偏好和消费禁忌

由于自然环境、物质生活条件、经济发展水平和历史的作用，不同的国家和民族都有自己独特的、习惯化的生活方式，在生活的各个方面都形成了一些有别于其他国家和民族的传统风俗习惯，这些民风民俗等文化因素对消费者心理和行为影响颇大。

- 它促使人们形成了不同的消费偏好。各民族成员对自己民族的风俗习惯都十分尊崇，它明显地反映在衣食住行等各种消费活动中，以市场需求的方式形成了不同的消费导向。
- 民族文化对某些方面的禁止导致了消费禁忌的形成。
- 不同的宗教有着不同的文化偏好和禁忌，如佛教、基督教等宗教团体对其教徒的行为都有明确的规定，这些因素都制约着人们的消费行为。
- 节日是人类文化中非常典型的象征，这对人们的生活具有重要的象征意义，能激发起人们的情感，并建立一套习惯化、程式化的消费模式。

4.5 生活处处有风险

人们在不确定的条件下活动，就产生了风险。风险是蒙受损失的可能性，某一种结果的出现的可能性可以用概率来表示。概率是一种结果发生的可能性大小。概率越大产生风险的可能性就越大。许多事情发生风险的概率是可以根据历史资料或有关信息来估算的。在概率论中，期望值和方差的测度与比较风险是极为重要的。期望值与不确定性事件有关，是在不确定的情况下，在全部影响因素作用下，所有可能结果的加权平均，权数就是每种结果的概率。方差又叫离差，是实际值与期望值之间的差额。

消费者如何规避风险，减少损失？可以通过保险来分担风险。我们以汽车保险为例。车祸是汽车行驶中可能出现的损失，其概率是可以根据历史资料估算的。具体到每一个汽车司机发生车祸的概率是很小的，但一旦发生车祸带来的损失是巨大的。投保人为避免风险可以投保，把发生车祸带来巨大损失的风险转嫁给了保险公司。那么保险公司是否吃亏？答案是否定的。因为保险公司对整个社会发生车祸的概率进行了测算。如保险公司测算的结果是车祸发生的概率是 0.1，比如你投保 10 万元，发生车祸时保险公司要支付你 10 万元，也就是为 10%的人支付 10 万元保费，平均每人最低的保费为 1 万元，这样保险公司并没有赔钱。投保人以少量的保费换得保险是有利的。保险公司收集每一个人的保费，并支付给发生车祸的人。这就是起到了在不确定的情况下分摊风险的作用。保险的结果是双赢的结局。对是否上保险与消费者对风险的态度有关，有风险回避者、风险爱好者和风险中立者。以汽车保险为例（不包括强制的），愿意上保险的人，是想通过保险转嫁风险，属于风险回避者；有的人总是心存侥幸，自认为自己不会出车祸，不上保险，属于风险爱好者；而大多数人是风险中立者，按照规定上必须上的那部分保险。

为了说明每个人对风险的态度，在这里做一个简单的测试，从中看出你对风险的态度。假设你每月的工资收入是 10 000 元，这个月你的老板想对工资的发放做一次大胆的改革，他提出了两种方案：一是按原来方案每月 10 000 元；二是以扔硬币的方式决定，国徽向上得 20 000 元，国徽向下得 0 元。选择第一种属于风险回避者；选择第二种属于风险爱好者；如果对这两种方案无所畏，认为哪种都可以，属于风险中立者。

相信大多数人会选择第一种方案，每月保证 10 000 元的工资，也就是说多数人都属于风险回避者，少部分人可能会喜欢扔硬币的方式。虽然在第二种方案中得 20 000 元和得 0 元是一样的机会，但一旦得 0 元带给你的打击大于 20 000 元带来的好处，换句话说，你得到 20 000 元的好处，弥补不了得 0 元的打击，因此你愿意采用原来的最稳妥的方式。相信也有人属于风险中立者，他们认为两种方式的机会是均等的，因此采取无所谓的态度。当进一步分析持这种态度的人时，我们发现这些人多半是收入比较高的人，因为即使得到 0 元，对他的实际生活影响也不大；一部分人属于风险爱好者，这部分人敢于冒险，心理承受力比较强。一些赌徒就属于风险爱好者。一般的人在小规模赌博的时候属于风险爱好者，如花几元钱买彩票。但是在数额大的时候，又属于风险回避者，要让他拿出几十万元去投资一个项目，很难很难。

利用前面说过的边际效用递减规律加以说明。如果你在收入一定的情况下消费多、储蓄少，你的消费的边际效用是递减的，此时的货币的边际效用大于你消费的边际效用，明智的消费者应该减少购物而增加储蓄。相反，如果你储蓄多、消费少，货币的边际效用小于消费的边际效用，明智的消费者应放弃一部分储蓄而增加消费。消费和储蓄的比例是由消费者主观感觉和利息率而定。

4.6 我在宿舍吸烟

吸烟可能是每个大学男生都做过的事情，并非上瘾而是吸烟本身有天然的情感交流功能，有社交属性。宿舍本来就是一个相对封闭的群体空间，群体内的行为会相互影响，吸烟也是如此。为了能与其他人相似，表达我们是同一类人的态度，常常会被动吸烟，就算不会抽也会假装吞云吐雾。实际上吸烟本身没有任何的益处，除了上瘾的烟民，所有人内心深处其实都与吸烟有一定距离，特别是公共政策的制定者，更希望烟民少一些。

公共政策制定者常常想减少人们吸烟的数量。政策可以努力达到这一目标的方法有两种。一种方法是使香烟或其他烟草产品的需求曲线移动。公益广告、香烟盒上有害健康的警示以及禁止在电视上做香烟广告，都是为了在任何一种既定价格水平上减少香烟需求量。如果成功了，这些政策就会使香烟的需求曲线向少的方向移动。

此外，政策制定者可以试着提高香烟的价格。例如，如果政府对香烟制造商征税，烟草公司就会以高价格的形式把这种税的大部分转嫁给消费者。较高的价格促使吸烟者减少他们吸烟的数量。在这种情况下，吸烟量的减少就表现为沿着同一条需求曲线移动到价格更高而数量更少的点上。

吸烟量对价格变动会有多大的反应呢？经济学家试图通过研究香烟税变动时出现的情况来回答这个问题。他们发现，香烟价格上升 10%会引起需求量减少 4%。还发现青少年对香烟价格特别敏感，香烟价格上升 10%会使青少年的吸烟量减少 12%。

可以推导出，更高的香烟价格会让吸烟者更加健康。有大量证据证明，吸烟对人体非常有害，并且几乎也有同样多的证据显示，如果香烟变贵，人们的吸烟量就会变少。但“健康的吸烟者”并不等同于快乐的吸烟者。

那么，高价香烟会让吸烟者更加快乐吗？如果吸烟者是理性的，那么答案就是否定的。但如果吸烟者被诱惑而煎熬，并且试图戒烟不成功，较高的香烟价格就会让他们更开心，因为这会鼓励他们少抽、甚至完全不抽烟。

对经济学家来说，这一点似乎颇具争议。显然，经济学家是唯一可以争论吸烟是否理性的职业人士。理性上瘾理论就是由凯文·墨菲（Kevin Murphy）和诺贝尔经济学奖得主加里·贝克（Gary Becker）这一对著名组合提出的。他们证明了在人们决定是否点燃香烟前，就已经估量了吸烟的健康风险、可能带来的社交和心理好处以及正在形成习惯的事实。这是吸烟者的第一种可能性。

这听起来荒谬可笑，吸烟者怎么会理性地看待吸烟对健康的危害呢？如果会，他们不就会戒烟了嘛。事实却恰恰相反。通常吸烟者自己也知道他们的习惯是危险的。事实上，经济学家基普·维斯库西（Kip Viscusi）证实，吸烟者会高估风险。他们知道决定开始吸烟时会从中找到快乐感觉，但回头的过程却非常痛苦，吸烟者不一定就是非理性的。否则，婚姻也将会是非理性的。上瘾与否，对某些人来说，问题在于收益是否会适度地超过成本。

第二种可能性是，吸烟者是一些无助的傀儡，被香烟绑架，他们不会理性地行动，而会支付任何费用购买香烟。如果这样，昂贵的香烟对他们来说是一个坏消息，这会让他们变得更穷，却无法鼓励他们戒烟。但这种可能性与事实不符，我们知道吸烟者会随着价格上升而减少吸烟。如果预计价格未来会上升的话，他们也会减少吸烟。这表示吸烟者既会考虑将来，同时还会意识到自己的上瘾程度，因为一个自我诊断者预计价格会上涨的时候，会在吸烟习惯变得昂贵之前就努力开始艰难的戒烟过程了。

第三种可能性是，吸烟者既不是傀儡，也非终极理性的机器人，而仅仅是血肉之躯。他们认识到风险，想要戒烟，但却不断地把尼古丁带来的短期欢愉摆放在戒烟的长期裨益之上。对于符合这类描述的吸烟者，昂贵的香烟确实会是一件好事，可以鼓励他们减少吸烟或者戒烟。理性的、因诱惑而变坏的吸烟者也会做出相似的举动，如果价格上升，他们就减少抽烟。他们只是对香烟市场上价格调整的感觉不一样。

解决争议的一个方法就是询问吸烟者的感受。多年前经济学家乔纳森·格鲁伯和森德希尔·穆拉伊纳丹进行了近乎绝妙的研究，他们观察了两组有关总体快乐感的数据，一组是加拿大的，一组是美国的。通过对增加香烟税的美国各州和加拿大各省的快乐感数据的对比，他们可以据此推测高价是否让吸烟者的兴奋感有所变化。他们不得不做出一些大胆的假设，但调查结果确实指出了诱惑模型的方向：香烟税增加的地方，“潜在的吸烟者”（其年龄、社会地位、收入以及国内环境显示出他们很有可能会吸烟）更加快乐了。如果烟草行业真的串谋操纵价格，至少在他们这么做的时候，可能已经传播了一些快乐。

这又带来了一个疑问，如果烟草税能有效减少吸烟需求，同时还能增加潜在吸烟者的快乐，那么无限提高烟草税不就可以实现禁烟的目的了么？事实上不是，如果烟草税大幅度提高，一包烟征税 1 万元的话，确实没有人会从正常渠道购买香烟，可是非法香烟会成为市场主流，百分之一千的利润，足以让很多人冒着死刑的风险前赴后继。

4.7 我们热爱比较

或多或少，人总是爱做比较。学生爱比谁的成绩高，比谁的游戏级数高，比谁的人缘好。工作上班以后，比薪水、比股票、比车子、比房子、比谁活得久。

因为我们爱比较，每当我们看见媒体报道某某工作、某某职位月入多少，某某人年薪多少，我们很难不拿这些来和自己当下的处境与状态比较一番。

这样的比较是一种非常复杂的心理过程。和自己一样是 A 大学毕业的同学，当年还追过同一个女生，结果他现在是年入千万的总经理，你却是个小职员，你的心理大概就很不是滋味；去年还巧扮网络新贵，手中股票号称数亿元的媒体宠儿，现在不但一文不名还负债累累，你嘴里不说，但心里想的却是上帝是公平的，他老兄何德何能、哪里比我强，可以一步登天，现在总算正义得以彰显。

我们当然也不是一直那么心狭量窄，那么见不得别人好。有人不当科技新贵，跑去干月薪 2 500 元的图书馆管理员，我们心向往之，外加那么一点点佩服；有人放着数十万元月薪不领，跑去慈善机构当义工，我们还是会由衷地给予敬佩。

总体来说，在我们心目中，其实有一个简单的公式用来评估不同的工作或行业在我们心目中的地位，衡量这些工作是不是值得我们尊敬。

别人所做的事，价值高于他们所得到的报偿（价格），我们便尊敬他、肯定他；反之，如果别人获得的报酬大于我们所认定的实质贡献，我们就心生不满，就会贬抑他。简言之，价值/价格（我们简称为 V/P 值）数值高的，就是值得尊敬的行业，是我们在电视上看了不会觉得酸溜溜的行业。

决定各行各业的社会地位的因素有很多，像是收入的多寡、专业程度的高低，或是不同社会文化间的认知差异等。最常被忽略的，就是 V/P 值比这一项了。比如华尔街的银行家，年收入经常是天文数字，超过一般人一辈子的所得，这些人几乎都是美国常春藤名校的毕业生，用专业术语讲一些我们听也听不懂的话，用前述的标准来看，这些人的社会地位应该很高才是。但出乎意料的是，在各种的职业声望调查当中，银行家却往往都是从后面倒数的那个行业。至于排名在前面的，经常都是科学家、教师或是医生。

为何会有这样的差别呢？问题就出在 V/P 值比。投资银行家表面看来光鲜亮丽，但是他们最重要业务之一，其实就是我们一般所说的掮客中介业务，只不过他们所中介的生意是以亿元为单位，甚至数十亿至数百亿元也不罕见，因此所获得的佣金也就极为丰厚罢了。至于科学家与教师，之所以被认为清高，正是因为他们钱赚得不多，但是对社会贡献却很大，有着很高的 V/P 值。

4.8 储蓄不一定变得更好

很多人都会说把钱存起来，储蓄让你的生活更有保障，储蓄能让你的生活变得更好，其实储蓄也是一种选择。人生离不开选择，我们除了对商品的选择外，还有对工作休息的选择，对消费和储蓄的选择以及对投资等多方面的选择。这些决策也与消费决策一样影响着幸福与效用。

对工作休息的选择。我们所拥有的时间是有限的，每个人一天最多有 24 小时。增加收入是以增加工作，牺牲休息和闲暇为代价的，所以工作和休息之间就需要有一个平衡点，要视自己的能力而定。如果为了增加收入不顾休息因而使身体过分透支，以牺牲健康来增加收入，再用金钱购买健康就是不值的，健康比金钱更宝贵。当然如果你过分地休闲甚至是懒惰，你也会失去工作的快乐，因为工作不仅使你增加收入而且还会带来快乐。我们应当善待自己，因为生命是可贵的，工作是快乐的，生活是幸福的，世界是美好的，谁都不值得你过劳死。

家庭在获得收入之后，要把收入分为消费和储蓄两部分。把多少收入用于消费，多少用于储蓄，取决于效用最大化的目标。如果家庭把收入用于购买物品以获得效用，则是现期消费。如果家庭把收入用于储蓄，以便将来再消费，这就是未来消费。这种未来的消费就是储蓄。未来消费是为了在将来获得效用。所以，消费与储蓄决策取决于消费者一生的效用最大化。由于未来有不确定性，所以，消费者认为同样 1 元消费，现在消费所带来的效用大于未来消费所带来的效用。这正是俗话所说的“要及时行乐”。为了使消费者愿意放弃现期消费而进行储蓄，就是使未来的 1 元大于现在的 1 元。这样，现在的 1 元在未来也才能带来与现在相同的效用。这就是为消费者的储蓄支付利息。当利息高到一定程度，消费者认为现在储蓄 1 元加上利息在未来所带来的效用至少等于现在消费 1 元带来的效用时，就会放弃现期消费来换取未来消费，即进行储蓄。因此，决定消费者储蓄决策的是利率。

相对地，对于消费而言，消费者均衡就是消费者购买商品的边际效用与货币的边际效用相等。这就是说消费者的每 1 元钱的边际效用和用 1 元钱买到的商品边际效用相等。假定 1 元钱的边际效用是 5 个效用单位，一件上衣的边际效用是 500 个效用单位，消费者愿意用 100 元钱购买这件上衣，因为这时 1 元钱的边际效用与用在一件上衣的 1 元钱边际效用相等。此时消费者实现了消费者均衡，也可以说实现了消费（满足）的最大化。如果衣服价格低于或高于 100 元，就不能实现消费者均衡。我们可以简单地说，你在收入既定、商品价格既定的情况下，花钱最少得到的满足程度最大化就实现了消费者均衡。

不仅是连续消费边际效用递减，其实货币的边际效用也是递减的。在收入既定的情况下，储存货币越多，购买物品就越少，这时货币的边际效用下降，而物品的边际效用在增加，明智的消费者应该把一部分货币用于购物，增加其总效用；相反情况下，消费者减少商品购买，增加货币持有，也能提高其总效用。通俗地说，假定你有稳定的职业收入，你的银行存款有 100 万元，你非常节俭，吃、穿、住都处于温饱水平。实际上这 100 万元能让你的生活更好点。要想实现消费者均衡，你应该用这 100 万元的一部分去住更好的房子，用一部分去买一些好点的衣服，吃好一些，多一点娱乐，银行也要有一些储蓄；相反，如果你没有积蓄，购物欲望非常强，见到漂亮衣服就要买，甚至借钱去买，买的衣服很多，而效用降低，如遇到一些家庭风险，没有一点积蓄，就会使生活陷入困境。

可见拥有一定的储蓄是必须的，储蓄不仅仅是为了能增加效用，还能更好地满足消费需求，降低未来不可预知的风险。但单纯的储蓄要考虑利率和物价的情况，并非越多越好，而是要将储蓄形成流动性的资产，这才是重要的。有个小品不是说过，人生最痛苦的就是人死了，钱没花完。人生最最痛苦的是人活着，钱却没了。

4.9 美好的东西都是免费的

人们经常说，生活中最美好的东西都是免费的。这其实是有经济学道理的。因为在消费者收入既定的情况下，你购买一种商品必须放弃另外一种商品。当消费最后一个单位物品时，边际价值正好与该物品的价格相等。所以当你按照自己的意愿购买到足够的商品数量时，商品的边际价值就正好等于该商品的价格。如果说生活中最美好的东西都是免费的话，那么，也就意味着你无须放弃其他任何东西就可以尽情地享用这些（如美好的环境、清新的空气等）。此时，这些东西的边际价值就等于零。别忘了边际价值等于零时总效用是最大的。

总效用是指人们从商品的消费中得到的总的满足程度，边际效用则是从增加一个单位的商品消费中得到的满足程度的增量，所有商品边际效用的加总就是总效用。随着商品消费的增加，人们从商品增量的消费中得到的满足程度下降，这就是边际效用递减。边际效用等于零时，总效用极大化。换句话说，在边际效用等于零之前，商品消费的增加可以增加总效用；而在边际效用等于零之后，商品消费的增加，则会使总效用减少。因为在这一点之后，边际效用负增长。

生活中有很多东西是免费的

阳光，是免费的。芸芸众生，没有谁能够离开阳光断续存活下去。然而，从小到大，阳光普照着我们，可曾有谁为自己享受过的阳光支付过一分钱?

空气，是免费的。一个人只要活着，就需要源源不断的空气。每个人都离不开空气的给予。可从古至今，又有谁为这不可缺少的东西埋过单?

爱情，是免费的。不由自主的倾慕，深深的思念，相濡以沫的挚爱正是我们生命中最深切的感受。这一切，都是免费的，金钱无法买到。

亲情，是免费的。一个人受到父母亲无微不至的呵护，那是一份深入血脉不求回报的疼爱。应该没有哪对父母会对自己的孩子说：“你给我钱，我才疼你。”父母的这份疼爱，不会因为你的成年而贬值，更不会因为他们的衰老而削弱；只要父母还活在这个世上，你会始终如一得到这份疼爱。

4.10 校园中没有必要闯红灯

A 大学门口正对着一个路口，有一组红绿灯。这个路口经常能看到学生成群结队地闯红灯，不管对面的灯是什么颜色，等过马路的人凑成一队就直接走过去了，这是典型的中国式过马路。实际上学生闯红灯是一件非常不经济的事情。

日常生活中，人们每天都要做出一些选择，采取一些行动。这样做时，人们要么希望自己能够得到某种回报，要么尽量避开对自己不利的事情。从本质上讲，每个人的行为都是一种“经济”行为。所以，用经济学对人们司空见惯的一些现象进行分析，也许是很有必要的。

假如某一天，你起床晚了，而上班的时间又快要到了，这时你可能不管什么交通规则，见着灯就闯。“闯红灯”在城市里已成为一种很普遍的现象。虽然舆论再三批评，公交部门也制定了一些处罚措施，但收效总是不大。事实上，在现在制度的约束下，我们每个人只要出门，就有可能成为一个潜在的闯红灯者。为什么这种“公共行为”屡禁不止呢？通常的解释是，人们缺乏交通意识，不遵守交通规则，因此要杜绝“闯红灯”现象的发生，首要的任务是要加强交通意识的宣传和教育。

我们不否认，这或许能起到一定的作用。但问题在于，为什么人们会缺乏交通意识，不遵守交通规则呢？ 实际上，每个闯红灯者都清楚这是一种违规行为。明知违规，还要做，根本的原因就在于处罚力度过轻，使闯红灯者有“利”可图。经济学认为，人们的行为都根植于其对成本效益的预期，只要人们的预期收益大于预期成本，他们就总会想方设法地去促成某事。

我们仍以上例来分析。假定你上班迟到会受到领导的批评，那么对你来说，闯红灯是划算的，因为在你的利益函数中，领导的态度显然更重要，与其受到领导的批评，不如闯红灯。这就是你下意识里做出的决策。当然这里不排除被警察逮住罚款的情况。可问题在于，中国的闯红灯者所受的惩罚成本是很低的，不要说闯红灯的人实际上几乎不会被逮着，即使偶尔“不幸”被警察叫住了，至多不过是挨几句训而已。显而易见，警察的教训是不能与领导的批评相提并论的，而且在一个人口流动很大的地方，“羞愧”（ 这也是一种成本 ） 的惩罚作用微乎其微。但在单位中就不同，领导在同事们面前批评你，那滋味可不好受。以上就构成了人们闯红灯的预期成本，这个预期成本是少于闯红灯的预期收益的，即免受领导的批评。

“闯红灯”还存在一种示范效应。假设第一个闯红灯者没有受到惩罚或惩罚力度过小，那么其他人就会“学习”他的举动，而人一多就有法不责众的从众心态。因为人都有一种机会主义行为倾向。这也可以解释为什么闯红灯是一种普遍的现象而不是少数人的行为。因此，要最大限度地杜绝日常生活中类似于闯红灯行为的发生，关键的一点就是要提高受罚的成本，使那些潜在闯红灯者觉得成本太高，自动放弃闯红灯。否则，即使制定再多的交通规则，也无济于事，何况制定规则也是需要成本的。

另一类比较常见的现象就是等车。几乎每个公交车停靠站都是人头攒动的。等车是一种浪费时间的行为，这点人人都明白。但事实是，只要你还没富裕到足可以天天打车的地步，就难免每天要耐着性子等候公共汽车。那么，如何来看待人们的等车行为，它是不是与我们常说的“时间就是金钱”这句话相矛盾呢？

初看起来，人们的等车行为是不符合经济学所说的资源的最优配置的，即违背了“时间就是金钱”的效率原则。但是，只要我们不是机械地理解经济学的定义，就会发现，它其实正是资源最优配置的表现。所谓资源的最优配置，就是充分利用资源的比较优势。那么，我们来看看等车行为的比较优势是什么。为了更好地说明问题，现在我们假定有两个人，穷人和富人，同在一个地方上班。

富人可以天天打车，而穷人只好天天挤公共汽车。两人的行为方式（资源配置方式）虽然是不同的，但都是有效率的。这是因为，对于富人而言，他的比较优势是钱，而其稀缺资源是时间，在富人的效用函数中，打车虽然比坐公共汽车贵一些，但可以节约用在路上的时间，用节省下来的时间他可创造比花在打车上的费用更高的价值，所以富人选择打车是完全值得的。

穷人却不然。与富人相反，穷人多的是时间，少的是金钱，即其稀缺资源是钱。对于穷人来说，最重要的是能够少花钱办好事，时间用的多少可以不在乎。等车就是一种虽然消耗时间但能节约金钱的行为。换句话说，穷人用等车这一方式也能赚钱（公共汽车的相对价格更低）。如果穷人选择打车的话，节约下来的时间不能创造任何价值，这对他毫无意义（其实这种情况也适合于那些有钱但更有时间的人）。如果遇到什么重要事要办，在这一刻，也仅仅在这一刻，他的稀缺资源就变为时间，而不是金钱了。

理解了以上内容，也就能了解大学生闯红灯是一件多么不经济的事情。闯红灯的另外一大弊端就是可能的交通事故，大学生的时间成本并非特别的高，一次闯红灯节约的 1 分钟并不能带来更高的效用，反而要面临巨大的风险，所以学生时期闯红灯是最不值得的。

4.11 真的有好人好事

日常生活中的“好人好事”是经济学中最棘手的一种人类行为。因为整个经济学大厦赖以建立起来的基石是人的利己动机及其行为的假设前提。既然这样，那么对于诸如某人匿名献血，某人抢救落水儿童不留姓名，或者某人长期无偿资助山区失学少年之类的利他主义行为，经济学能够解释得通吗？（制度经济学大家诺思就曾因此怀疑“经济人”假设的正确性。）回答应当是肯定的，经济学能够对此类利他主义行为做出合理的解释。

前面一篇提到，一个人的行为是根据他对成本效益的预期进行的。其实，经济学的成本与收益的概念不仅仅指货币或物质的成本与收益，从更一般的意义上讲，即从个人的角度看，它还指一个人的“满足”或“痛苦”。例如看电影，看电影是要付出成本的，而得到的收益不是物质的，而是一种感官的满足与快乐。再比如嫉妒，有人追到校花了，他的同学可能嫉妒他。这种嫉妒或许只是心理上的，但也可能会产生实际的不良后果。这样来看，我们就会发现，社会上那些甘愿奉献、不求索取的利他主义者（这里假定他们是完全地大公无私，不仅不想取得物质的报酬，而且也不是为了得到他人的感谢），他们付出了物质成本（时间和精力，有时甚至是金钱），并非不想得到收益，他们的收益就是一种心理的自我“满足”或“平衡”。在他们看来，这种心理的“满足”要远远大于物质上的损失。假如他们的行为不能为他们本人提供一种“满足”或“幸福”，换句话说，会使他们感到“痛苦”，他们就会放弃做好事，至少不可能长期坚持下去。

由于好人好事还存在着“正的外部性”，生活中就会产生“搭便车”现象。所谓“搭便车”，简单地说，就是有人享受好处（“收益”）而无须付费。比如，某人出资为村里修了一条公路，其他人外出就更方便了（如果过路人要交管理费，那就属于另一码事）。对利他主义者来说，他修公路完全是从村民的利益着想，他从这一行为中得到了“满足”，因此过路人愈多他愈高兴。但是，在别人看来，却不划算，因为本来可以征收更多的交通费的。换句话说，大量“搭便车”现象的存在，使得潜在创新者的预期收入减少，从而社会上最终会出现无人创新的局面。具体到好人好事上来，这就可以解释为什么在一个社会里利他主义者总是少数，社会上绝大多数人都是利己主义者。人都具有潜在的利他主义行为倾向，因而要在我们的社会倡导一种惩恶扬善、关心他人的好风尚，舆论的营造固然重要，但更重要的是要实行奖励制度，即对好人好事进行奖励。

4.12 美丽的牙齿很贵

叶知秋的大学四年中对一个女同学的牙齿尤为关注。那是一个来自江苏常熟的女孩，令人印象最深的就是她那洁白的牙齿。因为有两颗漂亮的小门牙，叶知秋给她取了个外号叫兔子，其实她另有动听的名字，柳娜。实际上，对大多数人而言，保持一副漂亮的牙齿并不容易，这需要高昂的成本。

现在可以看到戴牙套的人越来越多了，未来还会更多。在美国的中学里，几乎所有孩子都戴着这么一个类似于钢丝网的牙套。戴牙套不是为了好玩，而是为了矫形。在戴上牙套之前，医生会帮你决定哪些多余的牙需要拔掉，然后戴上为每个人特制的牙套，调整牙距、缩小牙缝。这样，过一段时间，就能拥有一个完美的微笑。

很多人对牙齿的第一项较大的花费可能正是源于戴牙套，尤其是出生于 20 世纪 90 年代左右的孩子。叶知秋的高中同学张薇在刚入高中时就曾戴过牙套，因为医生检查的情况尚属乐观，她不需要拔牙，而且只有上牙需要用钢丝箍，当时大概花了 2 000 元，包括手续费和牙套费用。

成人正畸包括诊疗费和上牙、下牙的牙套费及药物费等，一般都在 5 000 元以上，仅诊疗费一项就可能达到 5 000 元，总费用一般都要超过 1 万元。

一位网友在豆瓣的“牙套先生和牙套小姐”的小组里留下了自己的感想，“钢牙带给我的是十几岁的疼痛感和忍耐力”。然而，如今牙套已经不只是未成年人成长过程中的一个噩梦了。尽管医生告诫说，过了四十岁再戴牙套，对于牙齿矫形来说已经没有作用了，但仍有一些中年女人乐于戴牙套。花费数千元，实际上可能与矫形无关，只是为了寻找那种“看上去幼齿”的感觉，这钱花得值不值当然根据每个人自己的判断了。

一劳永逸还是细水长流?

在牙齿上花钱有很多渠道，洗牙是另一种与流行紧密相关的保健开销。洗牙在医学上称为洁牙，定期将口腔中藏污纳垢之处清理一遍。小钗，公司职员，28 岁，每年洗牙两次。如果按照每次 200 元的费用计算，每年她为洗牙支出的费用是 400 元。每次 200 元的收费属于偏贵的，一般医院收费为每次 100 元左右。

与不洗牙相比，每年多支出 200 元至 400 元合不合算？对于这个问题，刚刚经历过一场牙病的张菲，给出的答案是合算。五个月前，她的牙突然疼得没法忍受，后来去医院连续看了两个月，一口气补了五颗牙，包括两颗需要抽神经的坏牙和三颗要补的蛀牙，张菲认定这是连续十年不去医院检查牙齿导致的严重后果。

张菲这次看牙医前后花费 3 500 元，不包括每次去医院的打车费、误工费等各项间接费用。如果可以重新来，她会选择定期去洗牙，定期做牙齿检查，及早发现蛀牙、牙周炎等。

牙齿的事情，虽然最不济的方法就是拔掉，少几颗牙也不是活不下去。但在预防与等到真有病了再去治疗之间，却有一笔清楚的账要算。一位私人牙医为我们算了这么一笔账。一颗早期发现的蛀牙，如果是浅层蛀牙，修复好只需要花费数百元。但如果发展成牙髓炎，就要做根管治疗，就差不多要花费上千元了，而且这时候的牙齿因为没有神经支撑，变得很脆，更严重些的就需要镶牙了。

镶牙的花费是目前牙科费用里最为昂贵的项目之一。镶牙如果采用固定义齿，根据材料不同，花费在上千元到上万元不等。

牙齿美白，效果可以维持多久，目前有一些争议，但向往通过牙齿美白拥有一口白牙的人很多。牙齿的美白可以通过漂白和贴面两种方式实现，前者花费在 1 500 元左右，后者则从数百到数千元不等。

当然，新花样是无穷的。在牙齿上穿针引线、绣花鸟野兽，将钻石、水晶、黄金属等各种贵重物品往牙上贴的狂热者也大有人在，这种花费就无法计算了。所以美丽的牙齿是昂贵的，当然像“兔子”一样“天生丽牙”的是个例外。

4.13 搭便车

柳娜是校花，而且还是没有男朋友的校花。这意味着每个爱慕者都会用各种手段来讨好她，期望能获得她的青睐。男生约柳娜吃饭是最普通的行为，请吃饭是为了表达善意，有时候也会请上她的闺密。同时，为了能更好地了解柳娜的习惯喜好，男生们也会单独约柳娜的闺密吃饭，希望能获得信息优势。因为柳娜，她同宿舍的闺密就成功地“搭了便车”。

叶知秋上学的时候，每个宿舍都有很多个水壶，需要拿着水壶到水房打开水。所以宿舍中总会出现这种景象，有人去水房打水，准备晚上使用，但是往往不能如愿，热水在中午的时候就被其他人用光了，使用的人甚至包括其他宿舍或其他班级的人。这就是明显的搭便车。

搭便车理论最先由美国经济学家曼柯·奥尔逊于 1965 年出版的《集体行动的逻辑：公共利益和团体理论》一书中提出的。其基本含义是不付成本而坐享他人之利。

搭便车行为，意指那些自己不投入就能得到利益的行为和做法。一般来说，搭便车行为属于一种讨便宜的做法。但即便如此，也归结不到道德水准问题，一切是那么顺理成章，天经地义，似乎有一种让人不敢对其行为有丝毫贬损的企图。鲁迅有句名言，“哀其不幸，怒其不争”。这是他针对国人的与世不争的冷漠和听天由命的劣根性而发出的感慨。

相比之下，搭便车行为与不争者有某些不同之处。那就是自己不争，专等别人争得利益，然后坐享其成。

比如说，通往某一小区的道路长期得不到修缮，一到雨天就污水横流、遍地泥泞，而过往的居民虽然叫苦不迭，却都没有行动，也不去反映。好在有一人为此事长期坚持到各相关部门呼吁，直到问题最终得以解决。如果大家宁可长期忍受行走的不便，也不愿去反映或者不设法通过各种渠道要求解决道路的修缮问题，那么这种状况将会持续下去。但是如果只有一个人坚持为公众利益奔走，那么为此努力所付出的所有交易成本将由其个人独自承担，一旦该努力最终宣告失败，此人不会得到任何收益，只能白白付出巨大的成本，甚至有可能再增添由此挫折而引发的精神成本的损失。

比如说，有一位局长，长期为所欲为，专横跋扈，顺我者昌，逆我者亡，腐败现象十分突出。而这位局长竟占据职位达 5 年之久，其间广大干部群众饱受其侮辱和折磨而怨声载道。然而终因形不成合力，如同散沙一盘。其间有干部出于捍卫自尊的勇气和强烈的责任感，不畏强权，奋勇而起，与该腐败分子进行坚决的斗争，但响应者寥寥，致使举报工作举步维艰，收效甚微。这种“胳膊与大腿”的较量，使其陷入一种难以为继的痛苦之中，成为了一名“孤独的斗士”。但最后他还是凭着顽强韧劲和一年多的不懈努力，终于使腐败分子得到了应有的下场。事后，广大干部群众拍手称快，额手称庆。其实，这些人也知道“墙倒众人推”的道理，也明白“团结就是力量”的真谛，但他们更懂得“枪打出头鸟”

这一颠扑不破的真理。出于强烈的自我保护意识，他们宁愿坐享其成，也不愿自己付出点滴努力。

如果通过此努力最终使得道路得以修缮，如果通过努力最终使腐败分子得到应有的下场，结局固然让人欣慰，但我们设想一下，在没有人（除非是良心发现或者目睹和了解上访人艰辛的努力过程）发动组织或予以提醒的情况下，大家都乐不得不付任何代价而获得利益，而不会考虑补偿那位上访者的长期辛苦努力及其经济成本。由此发展下去，自愿不计成本地为公众利益奔走努力的人将极为罕见，因为他们没有得到任何激励或回报，甚至可能独自面对很大的风险。

假设有很多人参与，为此事而努力，那么前述交易成本就会被众人所分摊，同时通过许多个人共同努力所形成的“合力”效应也明显超出一个人的单薄力量。当然，要获得许多人的支持和共同努力，最初也必然需要有一个发起人去游说和组织大家。

问题是，人们不愿意在结果不确定的情况下付出个人努力，而宁愿长期忍受。只有一些勇敢者相信自己的努力不会徒劳，在无法动员他人参与的情况下，宁愿单独承担全部交易成本，若此事成功，他的收益可能仅仅是经济补偿之外的个人成就感或者赢得大家尊敬与信任的满足感。

由此看来，不争者并非对自己的私事不争，而是对公事不争，因为他们深知这其中所要付出的代价。然而，他们不明白所谓公共事务其实就是许多与个人利益相关的事情。如果大家都不去关心公事，并为此付出努力，个人的实际利益最终就会受到影响。

第 5 章

贝壳的精灵

5.1 钱总是不够

钱是一个永恒的话题，即便在大学校园这个相对封闭的时空内也无法回避，大学四年的生活许多学生都希望自己能有更多的钱能获取更多的技能和证书。但每次培训、补习、考证都需要高额的费用，有些考证的费用甚至超过 1 年的所有学费，此外，还需要有不少的费用用于人情支出，所有这一切都需要货币的支撑。

货币是商品交换的媒介，是商品生产发展的必然产物。中国货币的起源，有据可查的是商汤时期的“铜贝”，而在此之前的夏商，骨贝、石贝、陶贝已经开始流通。贝壳从装饰品发展为货币可以上溯到黄帝时期，中国货币从使用贝壳至今已有四五千年的历史。金属货币起源于殷商，这是中国先民掌握了冶炼金属技术之后的事，在一些殷商墓葬中曾出土青铜块，这些也许是最早的金属货币。

货币是商品交换长期发展过程中分离出来的特殊商品，是商品交换发展的自然结果。原始社会后期，由于社会生产力的发展，在原始公社之间出现了最初的实物交换。随着生产的进一步发展，商品交换逐渐变成经常性的行为。但是，直接的物物交换中常会出现商品转移的困难，必然要求有一个一般等价物作为交换的媒介。

当一般等价物逐渐固定在特定种类的商品上时，它就定型化为货币。货币自诞生以来，经历了实物货币、金属货币、信用货币等数次转变。货币的“祖先”脱胎于一般的商品。某些一般的商品由于其特殊的性能，适合用作交易媒介，于是就摇身一变成了商品家族的新贵——货币。比如贝壳，今天的人们已经很难想象它曾经是叱咤风云的“钱”。除了贝壳，还有龟壳、布帛、可可豆、鲸鱼牙，甚至玉米等，都曾在不同的地区、不同的时代充当过货币。后来，取代实物货币的是金属，比如金、银、铜、铁等，它们都曾长时间扮演过货币的角色。在金属货币之后诞生了纸币，也就是所谓的信用货币。

货币的产生其实是源于分工，分工一经确立，一个人自己劳动的生产物，便只能满足自己欲望的极小部分。他的大部分欲望，需用自己消费不了的剩余劳动生产物，交换自己所需要的别人劳动生产物的剩余部分来满足。于是，所有人都要依赖交换而生活；或者说，在一定程度上，所有人都成为商人。而社会本身，严格地说，也成为商业社会。

但在刚开始分工的时候，这种交换的活动，往往极不易实现。假设甲持有某种商品，自己消费不了，而乙所持有的这种物品，却不够自己消费。这时，甲当然乐于出售，乙当然乐于购买甲手中剩余物品的一部分，但若乙手中，并未持有甲当下需求的物品，他们两者间的交易，仍然不能实现。比如，屠户把自己消费不了的肉，放在店内。酿酒师和鞋匠，虽然都愿意购买自己所需要的一份，但这时，假设他们除了各自的制造品外，没有其他可供交易的物品，而屠户现在需要的是面包，已经得到了供给。那么，他们彼此之间，没有进行交易的可能。屠户不能成为酿酒师和鞋匠的商人，而酿酒师和鞋匠也不能成为屠户的顾客。这样，他们就不能互相帮助。然而，自分工确立以来，各时代各社会中，有思想的人，为了避免这种不便，除自己的劳动生产物外，随身都带有一定数量的某种物品。这种物品，在他想来，拿去和任何人的生产物交换，都不会被拒绝。

为了这个目的而被人们先后想到并用过的物品有很多。未开化的社会，据说曾以牲畜作为商业中的通用媒介。牲畜无疑是极其不便的媒介，但我们却发现，古代往往以牲畜头数作为交换的评价标准，即用牲畜交换各种物品。荷马曾说："迪奥米德的铠甲，仅值牛九头；而格罗卡斯的铠甲，却值牛一百头。"据说，阿比西尼亚以盐为商业变换的媒介；印度沿海某些地方，以某种贝壳为媒介；弗吉尼亚用烟草；纽芬兰用干鱼丁；西印度用砂糖；还有一些国家则用兽皮或鞣皮。

然而，不论在哪个国家，由于种种不可抗拒的理由，人们似乎都最终决定使用金属而不使用其他物品作为媒介。金属不易磨损，与任何其他物品比较，都无愧色。而且，它不仅具有较强的耐久性，还能任意分割而不会损失，分割了也能再熔铸成原形。金属的这一特性，使金属成为商业流通中适宜的媒介。例如，假设除了牲畜，就没有其他物品可以换盐。想购买食盐的人，一次所购价值，势必相当于整头牛或整头羊。他所购买的价值，不能低于这个限度，因为他用以购买食盐的物品，不能分割。分割了，就不能复原。如果他想购买更多的食盐，也只有根据同一理由，以牛或羊两三头，购入两倍或三倍多的分量。反之，假如他用以交易的物品，不是牲畜，而是金属，问题就容易解决了，他可以只按照他目前的需要，分割相当分量的金属，来购买价值相当的物品。

第一次社会大分工之后，商品增多了，商品交换变得日益频繁。一种商品不再是偶然地和另一种商品进行交换，而是经常同其他许多商品进行交换。这样，简单价值形式就发展为扩大价值形式。

扩大价值形式，使任何一种商品的价值都可以表现在一系列的商品上，价值表现的范围扩大了，这为商品生产和交换的发展提供了更大的空间，是一种进步。因而，从简单价值形式发展为扩大价值形式，是质的变化。但扩大价值形式也有严重的缺陷。因为处在等价形式的商品太多，每一种商品都有一个不同于其他商品的价值表现体系。这意味着，就全体商品而言，价值还没有一个统一的表现，还没有一个为所有商品生产者所公认的一般等价形式或一般等价物。这自然会给交换造成困难。随着交换的进一步发展，扩大价值形式为一般价值形式所替代。

在一般价值形式中，各种商品的价值统一地表现在唯一的商品上，这个商品成为一切商品价值的一般等价物。一般等价物的出现，标志着物物直接交换已被以一般等价物为媒介的交换所代替。这时，一般等价物具有同货币相类似的作用，即充当商品交换的媒介。生产者只要把自己的产品换成这个一般等价物，就可以用它与自己所需要的任何商品交换。毫无疑问，从扩大价值形式发展为一般价值形式，也是质的变化。

一般等价物的出现，克服了扩大价值形式的缺点，大大促进了商品交换的发展，但一般价值形式仍然存在缺陷。由于不同地区充当一般等价物的商品不固定、不统一，当商品交换突破地区界限以后，便给交换带来困难。随着交换的进一步发展，充当一般等价物的商品在全国范围内日趋减少，当它固定在贵金属，如金银上的时候，一般价值形式便过渡到货币形式。

5.2 货币与资本其实不同

一直以来，叶知秋都认为资本就是货币，钱就是资本的另一种称谓。实际上，货币和资本存在显著的差异。资本离不开货币，但货币并不等同于资本，二者是有根本区别的。一般的货币和作为资本的货币，如果从运动过程中考察就可以看出它们的区别。

商品流通公式：$W—G—W'$ （商品—货币—另一种商品），在这里，一般货币仅是商品交换的媒介。

资本流通公式：$G—W—G'$（货币—商品—增值了的货币），$G'=G+\Delta G$，ΔG 是运动过程中的价值增值额，称为剩余价值。从资本流通公式看，货币不仅是商品交换的媒介，而且在运动中带来了剩余价值。所以，作为资本的货币同一般货币的根本区别是能否带来剩余价值。

由于 $G—W—G'$ 反映了资本要带来剩余价值这一本质，适用于不同形态的所有资本，故资本总公式又被称作资本的一般公式。

商品流通公式 $W—G—W'$ ，与资本流通公式 $G—W—G'$ 相比较，在形式上具有明显的区别。① 买卖的顺序不同。② 流通的起点和终点不同。③ 流通中的媒介物不同。

这些形式上的区别反映了这两种流通具有不同的经济内容。商品流通是为买而卖，目的是消费，是要得到另一种使用价值。处在商品流通公式两端的两种商品，在价值量上是相等的。而资本流通是为卖而买，目的是要得到增值的价值，即资本家先用货币购买商品，再出卖商品换回更多的货币，实现了价值的增值。所以说，资本是自行增值的价值，也可以说，是能带来剩余价值的价值。

从形式上看，资本总公式是同价值规律相矛盾的。价值规律要求等价交换，但资本总公式表明，流通过程中在等价交换的条件下却发生了价值增值。要解决资本总公式的矛盾，关键在于说明剩余价值是在什么条件下产生的，也就是阐明货币在什么条件下和怎样转化为资本的。

在资本总公式中，剩余价值是在流通中产生的。其实流通中无论是等价交换还是不等价交换都不能产生剩余价值。等价交换不产生剩余价值是显而易见的。不等价交换，如贱买贵买只改变了价值在不同所有者之间的分配，从全社会看并没有增加一个价值因子。但剩余价值的产生，又不能离开流通领域。如果使货币脱离流通领域并把它贮藏起来，也不能实现增值。由此可见，剩余价值的产生，不在流通领域，但又离不开流通领域，它必须以流通领域为媒介。这就是解决总公式矛盾的条件。

5.3 货币的职能

货币的职能是它的本质的具体体现。货币在社会经济生活中行使的各种职能，是随着商品经济的发展而逐渐发展起来的。这些职能包括价值尺度、流通手段、贮藏手段、支付手段和世界货币。其中，价值尺度和流通手段是最基本的职能，货币首先就是作为价值尺度和流通手段的统一而存在的，其他三个职能都是在这两个职能中派生出来的。

货币的价值尺度职能，是指货币是衡量和计算一切商品的价值大小的尺度。

货币执行价值尺度的职能时，只是想象中的或观念上的货币。用货币来表现商品的价值就是价格，或者说，价格是价值的货币表现。为了用货币来衡量和计算多种商品大小不同的价值量，在技术上就需要有一定量的贵金属作为货币单位，并把它分为若干等份。比如把 1 元分为 10 角，1 角分为 10 分。这种包含一定重量贵金属的货币单位及其等份，或者说货币的计量单位（如上述的元、角、分），称作价格标准。应当明确的是，价格标准并不是货币的一个独立职能，它是为使货币执行价值尺度的职能而做出的技术性规定。

价值和价格的关系是，价值是内容、是基础，而价格则是价值的表现形式。一般说来，价值决定价格，商品的价值大，价格自然高，反之价格就低。但由于货币把自身当作表现其他商品的价值的材料，只是相对地表现其他商品的价值，这便决定了货币本身的价值也直接影响商品的价格。因而，决定或影响商品价格高低的基本因素，除了商品的价值以外，还有一个，就是货币本身的价值。用公式表示如下。

$$\text{商品价格}=\frac{\text{该种商品价值（劳动时间）}}{\text{货币价值（劳动时间）}}$$

例如，原来 1 匹绸（100 劳动小时）=1 两黄金（100 劳动小时），1 匹绸的价格是 1 两黄金，后来生产黄金的劳动生产率提高了 1 倍，生产 1 两黄金只需 50 小时，而绸的价值未变，但由于金的价值下降，现在 1 匹绸（100 劳动小时）= 2 两黄金（50 劳动小时 ×2），1 匹绸的价格上涨到 2 两黄金。绸价上涨原来是货币价值下降的结果。

可见，商品价格与商品价值成正比，与货币价值成反比。当然，这里的前提是商品供求一致。在商品供求不一致的情况下，商品价格的高低，还要受供求关系的影响。当商品供大于求时，价格会低于商品的价值；当商品供不应求时，价格则高于商品的价值。

货币作为商品流通媒介的不断运动，叫作货币流通。货币流通是由商品流通引起的，商品流通是货币流通的基础。在商品流通中，到底需要多少货币量？这便是货币流通规律的内容。货币流通规律就是一定时期内商品流通过程中所需货币量的规律。就一定时期而言，一个国家的商品流通需要多少货币呢？决定货币流通量的因素有两个。一是一定时期的商品价格总额，即各种商品的价格与商品数量的乘积；二是货币流通速度，即同一时期内货币在买主和卖主之间转手的次数。

用公式来表示如下。

$$\text{流通中的货币需求量（}M\text{）}=\frac{\text{待流通商品数（}Q\text{）}\times\text{商品价格水平（}P\text{）}}{\text{同一单位货币流通速度（}V\text{）}}$$

这个公式表明了货币需求量变动的基本规律。从这个公式可以看出，货币需求量取决于商品价格、流通的商品数量和货币流通速度三个因素。一定时期内流通中所需货币量，与商品价格总额成正比，与同一单位货币流通速度成反比。这是金属货币的流通规律。而纸币的流通规律仍是以金属货币流通规律作为基础的。

5.4 货币有乘数效应

货币乘数是指货币供给量对基础货币的倍数关系。在货币供给过程中，中央银行的初始货币提供量与社会货币最终形成量之间客观存在着数倍扩张（或收缩）的效果或反应，这就是所谓的乘数效应。货币乘数主要由通货—存款比率和准备—存款比率决定。通货—存款比率是流通中的现金与商业银行活期存款的比率。它的变化反向作用于货币供给量的变动，通货—存款比率越高，货币乘数越小；通货—存款比率越低，货币乘数越大。准备金—存款比率是商业银行持有的总准备金与存款之比，准备金—存款比率也与货币乘数有反向变动的关系。

首先，假设最低准备金率是 20%，也就是说当银行得到 100 元的存款时它必须留存 20 元，只能贷出 80 元。

其次，假设银行会放贷 80 元。

现在有某君 A 往银行里存了 100 元，银行再将其中的 80 元放贷给 B，如果 B 把贷来的 80 元又全部存入银行，银行再将其中的 64 元贷给了 C，C 又把 64 元存入银行，银行再向 D 贷出 51.2 元……以此类推，央行最先向市场投放了 100 元，市场上最后多出的货币会是

100+80+64+51.2+...。

这个数列的值是 500，其实就是 100×（1/0.2）=500。

500 就是实际的货币投放量。这里的 1/0.2 就是货币乘数，也就是 1 除以法定准备金率。

中央银行的初始货币提供量与社会货币最终形成量之间存在数倍扩张（或收缩）的效果或反应，即乘数效应。

货币（政策）乘数的基本计算公式为货币供给除以基础货币。货币供给等于通货（即流通中的现金）和活期存款的总和，而基础货币等于通货和准备金的总和。

货币乘数是基础货币与货币供应量扩张关系的数量表现，即中央银行创造或缩减一单位的基础货币供应量增加或减少的倍数。

5.5 货币需要资本化

有钱并不等于有资本，只有把钱用于投资才算作资本，所谓货币资本化，就是人们在经济生活中，将所取得的货币财富部分或全部地转化为可用来增值和带来更多财富的手段的一种过程和机制。货币资本化实际上就是使货币变成可带来更多财富和利益的手段，使货币性资产向可增值的金融资产转化。

货币资本化包括两层基本含义。首先，货币资本化是一种过程，它是通过一系列转化环节和运动来完成的。例如，将一部分货币从总体货币中抽离出来，转入储蓄，而后再经过银行等中介机构的若干次转换和连续运动，才进入资本领域。其次，货币资本化同时又是一种机制，它是社会将货币不断转化为财富增值手段的一种机制。

自货币产生以来，尤其是随着资产货币化过程的加快，人们经济生活中取得和使用货币的机会越来越多。诚然，人们取得货币收入的目的和途径各有差异，但人们在使用货币时无非出于以下三种动机。

1．消费

在商品经济社会里，人们取得了货币收入，实际上也就是获取了享用财富的手段。因此，人们所得到的货币收入中的一定比例必然用于消费。

2．储蓄

人们在创造和实现财富的过程中，不可能把所取得的财富全部用于消费或用于投资。其中必然有一部分被用于储蓄，以防各种风险、灾难和急用的发生。当然，这部分货币储蓄，可能被社会动员起来用于投资，但单就个人而言，它仍然是纯粹的储蓄。储蓄不等于投资。

3．投资

不断地积累和追求财富是人类的本能，因此，人们在取得了能代表财富的货币收入后，不能不考虑如何将其合理使用，即在不影响基本消费和必要的生活储蓄以外，让其尽可能增值，带来更多的财富。而且，对于某些经济主体来说，其拼命取得货币，可能本来就是为了积累更大的本钱去投资，以赚取更多的货币收入和财富。

人们在使用货币的三种动机和过程中，第三种动机，即将货币用于投资，就是纯粹的货币资本化过程。对于这些人来说，其手中的货币不只是一种普遍的财富符号，而是一种奋斗、创业的手段和本钱，它将与其他的一些手段如土地、房屋、机器设备等一起融入创造新的财富的过程中，变成一种标准的资本。这里，所谓的资本，在汉语的初始意义中，就是谋取利益的本钱和手段。

至于第二种动机，储蓄，则要分为两种情况。第一种情况是为储蓄而储蓄，这些人是为了日后急需或贮藏财富，而既不打算现在消费，也不是为了作为财富增值的手段，如不考虑升贬值因素而纯粹出于信任将货币存入银行，将货币购买金银饰物、珠宝。至于有些人购买房屋，其动机也只是出于保值，而不是增值，这也只能一种纯粹储蓄行为。第二种情况是为了投资而储蓄，储蓄的最终目的还是为了投资，通过储蓄以积累更多的本钱，以谋取更大的财富。这后一种情形，就是货币资本化过程的基本层面。

货币资本化是市场经济发展到一定阶段的产物，并不是有了货币就开始了资本化过程的，也并不是所有的货币都可能转化为资本。货币转化为资本，必须具有以下四个基本条件。

1. 货币变成商品

货币要变成资本，必须先成为商品，即变成可以用于交易的货币商品。而要使货币变成商品，必须具备两个前提。① 交易双方能自主交易；② 货币资金的价格或利息基本上能自由升降。如果达不到这两个前提，则不能称为货币商品。例如，我国利率市场化前的信贷资金，是按计划进行划拨或清算的，故不属于货币商品。总之，货币要变成商品，其利率应基本反映市场上对货币的供求，否则，就不能称为严格意义上的货币商品。

2. 货币功能“外溢”

货币要变成资本，必须是经济生活中可流通的货币量超过实物经济的需求。而有了货币剩余，即只有作为媒介进行商品流通的货币充足且出现多余的情形下，货币的原始功能的“外溢”，才有转化为资本的可能性。这里，所谓货币功能外溢，是指相对于货币作为充当一般等价物的功能而言已经多余，并出现了闲置，进而潜在地要求被赋予新的功能。

而要使代表社会财富的货币总量超过实际流通中的实物商品所需要的货币总量，必须要依靠对过去财富的积累才能达到。换言之，货币转化为资本的条件之一是社会经济必须达到一定的储蓄率。这样，通过一定时期的储蓄和积累，必然会使代表社会财富的货币总量超过作为媒介进行商品流通所需要的货币量。因为，过去财富中的一部分的自然形态可能在运动中沉淀、消耗或转换掉了，而其对应的社会形态——以货币形式所代表的财富能量或价值量——却仍然存在并继续运行。于是，这一部分“多余”的货币必然寻求新的出路。无疑，资本化就成了其必然归宿。

正是由于几百年来世界经济的不断积累，才导致了世界性的货币资本化趋势，而且一些经济发达的国家甚至出现了资本的过剩。

由此可见，没有一定的储蓄率，货币转化为资本的条件就不成熟。那些经济落后国家，由于经济落后而很少有财富的剩余，储蓄率往往过低。正因如此，这些国家的货币转化资本的动力就不足，资本的形成机制尚未形成，进而陷入资本短缺、经济更落后的恶性循环。

3．社会已逐步建立起货币进入和退出资本过程的机制

货币的最基本的职能仍然是代表财富的社会能量，并使其得到转换和释放。因而，货币作为资本无疑只是这种职能的延伸或“外溢”。这也就是说，货币并不一定永远去充当资本，它在一定条件下可以转化为资本，但在另一条件下又可能被要求转化为货币。例如，一位老年人，在他未退休前，他可能愿意将他的部分积蓄转化为资本，以使这部分货币发挥更大的作用，带来更多的财富；而退休后，由于疾病等原因而需要使用货币时，就必然要求其货币从资本领域退出，又转化为货币。进一步说，货币转化为资本，等于货币持有人暂时转让的财富的使用权和消费权，而只保留所有权，但这一使用权迟早是要收回的。这样，社会若没有建立起货币顺利进入和退出资本领域的机制，即货币持有人随时收回货币使用权的机制，则可能阻止货币向资本的转化。

在一定意义上，货币进入或退出资本过程的机制，也可称为资本的变现能力。若资本的变现能力强，则表明货币进入或退出资本的机制比较健全，从而为货币资本化创造了条件。实际上，这就间接地要求社会创造出大量的资本工具和替代手段，以维持资本的回归性、流动性、安全性和收益性。正是这种要求，推进了金融市场的发育和形成。

4. 有较健全的防止和躲避资本风险的机制

前面说过，货币是代表财富能量的一种符号，货币收入的取得意味着对财富权力的取得。货币的积累也就是财富的积累。货币转化为资本，也意味着货币持有人由财富消费转化为继续参与财富创造。因此，货币的减少或损失，实质上就是财富的损失，从而也就意味着货币持有者过去财富创造的“无效性”。可以想象，任何人都不希望有这种现象的发生。而正是这种意愿的普遍存在，要求社会提供防止和躲避资本风险的有效机制。实际上，这也体现为资本的安全性和回归性的要求。

在缺少这种机制的情况下，尽管货币持有人有进入风险领域的动力和愿望，但在收益和风险的权衡和比较下，完全有可能因风险太大而放弃进入资本领域的意愿。反之，若社会提供和健全了这种机制，则会大大提高货币持有人将货币转化为资本的积极性。例如，在股票市场趋于完善的情况下，一些原本不愿进入股市的人也可能改变初衷而参与股市投资。再如，在国债不可流通的情况下，人们由于担心国债贬值而普遍不愿进入这一资本市场，而当国债可以流通的情况下，人们完全可以在预期贬值前卖出手中的国债而回避这一风险。尽管这一风险并不一定会发生，但人们仍然希望有躲避这一风险的机制存在。

这一点也为金融市场的发育和完善提供了潜在的动力机制。

5.6 资本需要周转

中国人有储蓄的习惯，习惯将暂时用不到的钱存起来，其实更好的方法是进行投资，让资本运动起来，只有处在周转进程中的资本才有价值和意义。

不断重复、周而复始的资本循环过程就是资本周转。或者说，把资本循环作为一个连续不断的周期性的运动过程来考察，就是资本周转。

资本循环与资本周转有密切的联系，二者都是产业资本的运动，都包含着资本运动的三个阶段和三种职能形式。但二者又有区别，资本循环主要是从使用价值的角度描述资本运动，资本周转则主要是从价值的角度描述资本运动。考察它们的目的也不同。资本循环重点考察资本运动的连续性，主要是分析资本在运动中必须经过哪些阶段、要采取哪些职能形式，揭示资本连续运动必须具备的基本条件；资本周转则重点考察资本运动的速度，分析影响资本价值运动速度的主要因素是什么，资本运动速度的快慢对于资本价值增值有什么影响。

资本周转速度的快慢，可以用周转时间和周转次数来计量。所谓周转时间，是指总资本价值从一个循环周期到下一个循环周期的间隔时间，即资本总价值周转一次的时间。在这里，总是以资本的价值作为计算的对象，因为只有这样才能进行计算和度量。所谓周转次数，指的是总资本价值在一定时期内（通常以年为计量单位）周转的次数。其公式是：一年内资本的周转次数 $n=U$（一年的时间）$\div u$（资本周转一次的时间），即 $n=\frac{U}{u}$。

资本周转速度和周转时间成反比，资本周转速度和周转次数成正比。资本周转时间越短，资本周转速度越快，反之越慢。在一年的时间内，资本周转次数越多，表明周转速度越快，反之越慢。

资本的周转速度越快，就意味着资本的效率越高。假设有 100 万元用于投资，一类投资是资本周转周期为一年，每次周转回报 100%，一年后资本变成了 200 万元。另一类投资是资本周转周期为一个月，每次周转的回报是 10%，则一年后的资本总量是 100×1.1^{12}，一年后的资本总量是 313.8 万元。

5.7 通货膨胀

每个人都认为钱永远不够。但对于总体而言，钱太多不是一件好事。货币供应量过多一定会引起物价上涨，这就是通货膨胀。

在现代市场经济中，作为流通手段的不是贵金属，而是作为货币符号的纸币和各种信用货币。这种货币的供应有狭义和广义之分。

狭义货币供应由现金和活期存款构成，是衡量货币供应的基本的指标。广义货币除包括狭义货币之外，还包括商业银行的定期存款和储蓄存款，甚至国库券、商业票据等短期证券。

这些货币只是价值的符号，本身没有价值。如果其他条件不变，商品流通中的这种价值符号供应过多，它们所代表的价值或象征的社会劳动就会变小，即发生货币贬值。在货币贬值的条件下，同样价值的商品，或者说花费了同样多的劳动生产出来的商品，其价格会表现为更多的货币量，即价格总水平会在原有价值量的基础上大幅度上涨，这就是被称为通货膨胀的经济现象的一般含义。当然，现实中的物价上涨并非仅仅由于货币发行量过多，而是可以由多种原因引起的。我们不能简单地把物价上涨等同于通货膨胀。

相反，假若商品流通中的货币流通供应量过少，则会导致货币升值，引起物价下跌，而这也就是所谓通货紧缩的一般含义。

许多人认为通货膨胀是纸币流通条件下的特有产物，在金属货币流通条件下不可能发生。这种看法是不确切的，以下关于通货膨胀的案例中，我可以看出通货膨胀的发生有在纸币流通条件下的，也有金属货币流通条件下的。

古罗马时期的通货膨胀——铸币成色下降的恶果

公元 138—301 年，古罗马军服的价格上涨了 166 倍，自 2 世纪中叶至 3 世纪末，小麦价格——物价水平的主要标志——涨了 200 倍。这一次通货膨胀，无论如何也不能归罪于纸币，因为纸币要到 1 000 年后才出现。

古罗马实行的是金属货币制度，包括金、银、铜和青铜。政府财政基本上采用现金形式。帝国的皇帝们为了强化他们对资源的控制，相继削减铸币尺寸或在铸币中添加贱金属。同时却希望凭自己的权威保持其价值不变——这当然是不可能的。这种违背经济规律的行为在罗马帝国代代相传，最终导致的结果是铸币贬值，物价上涨。公元 235—284 年，古罗马政治陷入无政府状态，通货膨胀达到极致，铸币急剧贬值。在公元 253—268 年，银币的含银量还不到 5%。

黑死病与价格行为

14 世纪中叶，欧洲普遍出现了温和的通货膨胀。在 3 年的时间里，物价至少翻了一番。作为通货膨胀，这一时期并不引人注目，值得重视的是它的背景——黑死病。这是一种能致人猝死的病疫。当时，此病夺走了 2 000 万人的生命，是当时整个欧洲人口的 1/3。在病疫流行期间，商品的价格出现了突然的短暂性的下降。原因很明显，人口锐减导致需求下降，而流通中的货币及商品存量却基本不变，但幸存者的需求却是有限的。而随着疫情的过去，物价又回升了。原因是储存消耗殆尽，同时由于人口减少，产量随之下降——因为生产者的生活条件恶劣，因而生产人员减少的数量远大于有稳定需求的富人。

西班牙：白银与价格革命

16 世纪，西班牙物价上涨了 4 倍多，年上涨率 1.5%，贵金属过剩是这次通货膨胀的根源。1501—1600 年，由墨西哥和秘鲁神话般的矿山产出的 1 700 万千克纯银和 18.1 万千克纯金涌入西班牙。除官方渠道，走私的数量估计相当于官方进口的10%，相对于已有的储存，来自新世界的金银可谓数额巨大。贵金属的涌入掀起了一场价格革命。这次通货膨胀价格上涨缓慢，没有对西班牙的各个经济部门产生什么影响。想想年增长率1.5%，这在目前的中国来说是一个很小的数值。但在当时，它至少证明了这样一些观点。① 货币不等于财富；② 缓和的通货膨胀可以和经济增长兼容；③ 白银减缓了制度变革的压力；④ 以贵金属为保证的货币制度并不能预防通货膨胀；⑤ 西班牙最终没有留住海外流入的金属；⑥ 始于西班牙的通货膨胀扩散到其贸易对象；⑦ 对经济规律的懵懂无知并不妨碍人们自行其是；⑧ 货币幻觉尽管充满了神秘，但如果人们警惕周围的变化，其迷惑性必将大大降低。

德国：经典的通货膨胀

1923年，德国发生了恶性通货膨胀，迄今为止只有1946年的匈牙利和1949年年初的旧中国较之更甚。如果1922年1月的物价指数为1，那么1923年11月的物价指数则为100亿。如果一个人在1922年初持有3亿马克债券，两年后，这些债券的票面价值早就买不到一片口香糖了。沃伦教授和皮尔逊教授曾将德国的通货膨胀数字绘成书本大小的直观柱状图，可是限于纸张大小，未能给出1923年的数据柱，结果不得不在脚注中加以说明，“如果将该年度的数据画出，其长度将达到200万英里。”

德国在第一次世界大战败北之后，丧失了1/7的领土和1/10的人口，各种商业及工业产品均减少，同时按 1921 年金马克赔偿 1 320 亿。在操作中，德国不得不靠发行纸币来渡过难关，结果却陷入了灾难的深渊。当时政府以极低的利率向工商业者贷款，同时投放巨额纸币，而纸币又很快贬值，从而使得债务人得以用廉价的马克偿还贷款。“新富人”在通货膨胀中发了大财，“旧富人”面临崩溃。各个经济部门和各个家庭生活在此不公平的过程中受到致命打击。

俄罗斯战时共产主义的通货膨胀

在十月革命以前，俄国就已走上了通货膨胀之路。革命后，为了保障政权，必须控制国家资源。因此，苏维埃政府印发纸币，维持庞大的预算开支。在 1918—1920 年，反动力量很快聚集，发起反扑，此时苏维埃政府开始实行战时共产主义。由于经济基础薄弱，社会产品总量短缺，再加上连年战争，其生产得不到恢复，战时共产主义的分配物品远不能满足人们的基本需要。于是黑市猖獗，物价飞涨。

5.8 通货膨胀与失业的菲利普斯曲线

事实表明，失业与通货膨胀存在一种交替关系，通货膨胀率高时，失业率低；通货膨胀率低时，失业率高。**菲利普斯曲线**是用来表示失业率与通货膨胀之间交替关系的曲线，由英国经济学家 W·菲利普斯于 1958 年在《1861—1957 年英国失业和货币工资变动率之间的关系》一文中最先提出。此后，经济学家们对此进行了大量的理论解释，尤其是萨缪尔森和索洛将原来表示失业率与货币工资率之间交替关系的菲利普斯曲线发展成为用来表示失业率与通货膨胀率之间交替关系的曲线。

1958 年，菲利普斯根据英国 1867—1957 年失业率和货币工资变动率的经验统计资料，提出了一条用以表示失业率和货币工资变动率之间交替关系的曲线。这条曲线表明：当失业率较低时，货币工资增长率较高；反之，当失业率较高时，货币工资增长率较低，甚至是负数。根据成本推动的通货膨胀理论，货币工资可以表示通货膨胀率。因此，这条曲线就可以表示失业率与通货膨胀率之间的交替关系，即失业率高表明经济处于萧条阶段，这时工资与物价水都较低，通货膨胀率也低；反之失业率低，表明经济处于繁荣阶段，这时工资与物价水平都较高，通货膨胀率也高。失业率和通货膨胀率之间存在着反方向变动的关系，如图 5-1 所示。

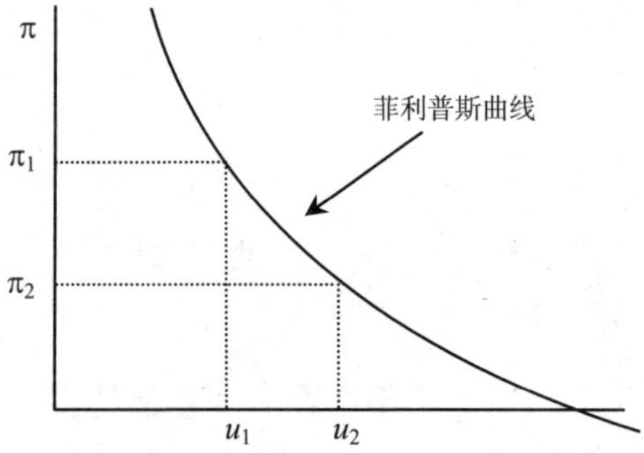

图 5-1　失业率与通货膨胀率之间的关系

- 通货膨胀是由工资成本推动所引起的，这就是成本推动通货膨胀理论。正是根据这一理论，把货币工资增长率同通货膨胀率联系起来。

- 失业率和通货膨胀存在着交替的关系，它们是可能并存的，这是对凯恩斯观点的否定。
- 当失业率为自然失业率（u）时，通货膨胀率为 0。因此可以把自然失业率定义为通货膨胀为 0 时的失业率。
- 由于失业率和通货膨胀率之间存在着交替关系，因此可以运用扩张性的宏观经济政策，用较高的通货膨胀率来换取较低的失业率；也可以运用紧缩性的宏观经济政策，以较高的失业率来换取较低的通货膨胀率。这就为宏观经济政策的选择提供了理论依据。

5.9 钱能带来产权

很多人追求钱的目的并不是为了单纯的消费，对这些人而言，钱的真正意义在于能提供完善的产权保障。

罗纳德·科斯教授于 1991 年获诺贝尔经济学奖。他有两篇论文影响力很大。一篇是 1937 年发表的《论企业的性质》，提出了被后人概括为交易成本的概念。另一篇是 1960 年发表的《论社会成本问题》，强调了产权在经济问题中的重要地位。科斯定理，可以简单地表述为，在明确产权的前提下，不需要政府干预市场交易。

在经济学家眼中，每个人都是趋利的。在现实生活中，人们的趋利行为，大概可分为两类：一类是损人利己，先损人，才能后利己，如坑蒙拐骗，这与犯罪无异；另一类是利己损人，为了利己，在不自觉中损害了别人的利益，如企业污染，这类行为则比较常见。

钢铁厂生产钢，自己付出的代价是铁矿石、煤炭、劳动等，但这些只是“私人成本”；在生产过程中排放的污水、废气、废渣，则是社会要付出的代价。如果仅计算私人成本，生产钢铁也许是划算的，但如果从社会的角度看，可能就不划算了。于是，经济学家提出要通过征税解决这个问题，即政府出面干预，赋税使得成本提高了，生产量自然会减少些。但是，恰当地规定税率和有效地征税，也要花费许多成本。于是，科斯提出，政府只要明确产权就可以了。如果把产权“判给”河边居民，钢铁厂不给居民们赔偿费就别想在此设厂开工；若支付了赔偿费，成本高了，产量就会减少。如果把产权界定到钢铁厂，如果居民认为付给钢铁厂一些“赎金”可以使其减少污染，由此换来健康上的好处大于那些“赎金”的价值，他们就会用“收买”的办法“利诱”厂方减少生产从而减少污染。当厂家多生产钢铁的盈利与少生产钢铁但接受“赎买”的收益相等时，它就会减少生产。从理论上说，无论是厂方赔偿，还是居民赎买，最后达成交易时的钢产量和污染排放量都是相同的。但是，产权归属不同，在收入分配上当然是不同的。谁得到了产权，谁可以从中获益，而另一方则必须支付费用来“收买”对方。总之，无论财富分配如何不同，公平与否，只要划分得清楚，资源的利用和配置是相同的——

都会生产那么多钢铁，排放那么多污染，而用不着政府从中“插一杠子”。那么政府做什么呢？明确产权，并且有效地保护产权。

科斯定理表明，市场的真谛不是价格，而是产权。只要有了产权，人们自然会“议出”合理的价格来。

但是，明确产权只是通过市场交易实现资源最优配置的一个必要条件，却不是充分条件。另一个必要条件就是“不存在交易成本”。交易成本，简单地说是为达成一项交易、做成一笔买卖所要付出的时间、精力和产品之外的金钱，如市场调查、情报搜集、质量检验、条件谈判、讨价还价、起草合同、聘请律师、请客吃饭，直到最后执行合同、完成一笔交易，都是费时费力的。就河水污染这个问题而论，居民有权索偿，但也可能会漫天要价，把污染造成的“肠炎”说成“胃癌”；在钢铁厂有权索要“赎买金”的情况下，它可能把减少生产损失的1元说成10元。无论哪种情况，对方都要调查研究一番。如果只是一家工厂和一户居民，事情还好办。当事人的数目一大，麻烦就更多，因为有了“合理分担”的问题。如果是多个厂家，谁排了污水、排了多少，他们如何分摊赔偿金或如何分享“赎买金”就要先扯皮一番；如果是多户居民，谁受害重、谁受害轻，怎么分担费用或分享赔偿，也可能打得不可开交。正是这些交易成本，可能使得前面所说的那种由私人交易达到的资源配置无法实现；或是大家发现会有这么多麻烦，都望而却步。所以说，科斯定理的“逆反”形式是，如果存在交易成本，即使产权明确，私人间的交易也不能实现资源的最优配置。

科斯定理的两个前提条件各有所指，但并非完全独立、没有联系。两者最根本的联系是明确产权对减少交易成本的决定性作用。产权不明确，后果就是扯皮永远扯不清楚，意味着交易成本无穷大，任何交易都做不成；而产权界定得清楚，即使存在交易成本，人们在一方面可以通过交易来解决各种问题，另一方面还可以有效地选择最有利的交易方式，使交易成本最小化。

自私自利者，他烧掉你的房子，仅仅是为了烤熟一只鸡。

——诺安

5.10 泡沫随时会发生

大学周围最多的设施除了餐厅就是网吧，在叶知秋所在校园周边最多的时候有超过 6 家网吧。一开始网吧的投资者都从网吧的经营中获取了不少的利润，那时的价格是 1 小时 3 元，包夜 15 元，网吧中的机器几乎是 24 小时运转，网吧的经营者每天从一台电脑上就能获得超过 50 元的经营收入，以一个拥有 30 台机器的小网吧为例，每个月的营业额就高达 4.5 万元。这导致许多人希望进入网吧这个行业。当更多的人在学校周围开网吧的时候，泡沫就产生了。开网吧的利润越来越低，最终不少网吧关门停业。这种由利益驱动产生的泡沫在历史上有三次著名的案例。

郁金香泡沫

1636 年的荷兰郁金香投机事件是有据可查的人类历史上最早的泡沫经济案例。每年春季，人们都可以在花园中见到美丽娇艳的郁金香。可是，很少有人想到在 300 多年前，郁金香花居然曾给欧洲经济带来过一场轩然大波。

有人考证说，郁金香的原产地是中国。据说在很久以前，骑在骆驼背上的商人们通过丝绸之路把郁金香带到了土耳其。根据文献记载，郁金香在 16 世纪中叶从土耳其传入奥地利，然后从这里逐步传向西欧。当时，荷兰是世界上屈指可数的强国，以其独特的气候和土壤条件，荷兰很快就成了郁金香的主要栽培国之一。

1630 年前后，荷兰人培育出了一些新奇的郁金香品种，其颜色和花型都深受人们的欢迎。典雅高贵的郁金香新品种很快就风靡了欧洲上层社会。在礼服上别一枝郁金香成为了最时髦的服饰。贵夫人在晚礼服上佩戴郁金香珍品成为显示地位和身份的象征。王室贵族以及达官富豪们纷纷趋之若鹜，争相购买最稀有的郁金香品种。特别是法国盛行的奢侈之风逐渐将郁金香的价格抬高了起来。在 1635 年秋季，名贵品种的郁金香价格节节上升。在巴黎，一枝最好的郁金香花茎的价格相当于 110 盎司的黄金。

1634 年以后，郁金香的市场需求量逐渐上升。在 1636 年 10 月之后，不仅珍贵品种的价格被抬高，几乎所有的郁金香的价格都飞涨不已。在短短的一个多月期间内，郁金香的价格被抬高了十几倍，甚至几十倍。

郁金香花达到了空前绝后的辉煌。然而好景不长，郁金香泡沫只维持了一个冬天，在开春之前，郁金香泡沫破灭了。郁金香市场一片混乱，价格急剧下降。1739 年的数据显示出，有些品种的郁金香价格狂跌到最高价位的 0.005%。

1637 年新年前后，郁金香的期货合同在荷兰小酒店中被炒得热火朝天。到了 1637 年 2 月，倒买倒卖的人逐渐意识到郁金香交货的时间就快要到了。一旦把郁金香的球茎种到地里，也就很难再转手买卖了。人们开始怀疑，花这么大的价钱买来的郁金香球茎即使开出花来到底能值多少钱？前不久还奇货可居的郁金香合同一下子就变成了烫手的山芋。持有郁金香合同的人宁可少要点价钱也要抛给别人。在人们信心动摇之后，郁金香价格立刻开始下降。价格下降导致人们进一步丧失对郁金香市场的信心。持有郁金香合同的人迫不及待地要脱手，可是，在这个关头很难找到“傻瓜”接手。恶性循环的结果导致郁金香市场全线崩溃。

南海泡沫

18 世纪初，英国人相信一个有极大增长机会的地方是与南美洲和南太平洋的贸易。1711 年，南海公司在英国注册，它获得英国政府授予的专营权和与当时为西班牙殖民地的南美洲和南太平洋的贸易权。取得这一专营权的条件之一是该公司要负责部分的英国国债。但当时的西班牙政府不允许这些殖民地和外国人交易，南海公司仅被允许做奴隶运送的交易，且每年只准运一船，利润还要和西班牙政府分成。这样，从一开始，南海公司让其股票购买者想象的大笔黄金和白银会从南美洲源源不断流入的许诺就是骗局。但人们总是期待西班牙有一天开放贸易。公司就这样不死不活地撑了几年，股票也没有大的起伏。

这样不死不活地撑着总不是办法。到 1719 年，南海公司的董事们重新找到英国政府，建议用南海公司的股票来偿还英国国债的持有人，最终建议全英国的国债都用南海公司的股票偿还。英国政府一一接受，因为它乐于看到国债能用这样的方法偿还。

要使这种运作成功，就必须使南海公司的股票不断攀升。因为公司的利润有限，唯一的途径就是不断散布西班牙政府会开放贸易的谣言。其间，民众听说西班牙政府已经同意南海公司在秘鲁开辟一块营运基地等。黄金白银从此将从南美滚滚而来的美景占据每位股票持有人的头脑。

到 1720 年 9 月，南海公司的股票达到每股 1 000 英镑，在半年间升了 8 倍。一夜暴富的故事总是那么地吸引人。当时，社会风气发展到不拥有南海股票就跟不上时代潮流的地步。在高潮时，南海公司的股票总值是全欧洲（包括英国）现金流通量的 5 倍！

随着股票的一天天增值，许多人放弃了工作投身股市。还有什么比又较松又快速地赚钱更使人着迷的呢？贪婪是没有止境的。股票上市赚钱如此容易，各种各样的公司都试着将其股票向大众推销，其中有专人门从西班牙进口翠鸟的，有专营头发买卖的。一位伦敦的印刷工人注册了一家“正进行有潜力生意”的公司，虽然没人明白该公司到底做的什么生意，他还是在 6 小时之内卖出了 2 000 英镑的股票。要知道 2 000 英镑在当年是笔巨款。这位印刷工人从此就下落不明了。那些没能尽早买到南海股票的民众，生怕失去碰到下一个“南海公司”的机会，纷纷把大把大把的血汗钱投入到这些莫名其妙的公司。

回头想想，人们会嘲笑当年的民众真是疯了。当年也不是没有头脑清醒的人，但他们太超前了一步，他们指出这个泡沫会破碎，而市场却用不断升高的热度证明他们论断的错误。开始还有人听听他们的警钟，随后便嘲笑他们的短视。诈骗案层出不穷是疯狂到了巅峰的特征之一。陷入疯狂状态的民众是行骗的最好目标，他们失去了最起码的警惕。此时骗局不仅限于小人物，南海公司的董事们一方面向英国政府官员大量行贿，一方面羡慕其他大小骗子把原可用来支撑南海股票的资金吸走，开始指出这些公司的骗局。但结果是民众也怀疑南海公司是否也是这样的骗局？在一个月内，民众的感觉发生了 180 度的转变，他们开始怀疑西班牙政府是否真会给南海公司想要的交易权。在 9 月底，股票从月初的 1 000 英镑跌到 129 英镑。许多投资者破产。那些接受南海公司股票作为抵押，贷款给投资人炒股的银行一家家倒闭，英格兰银行也仅以身免。

密西西比泡沫

转型时期是骗子横行的时代，各国皆然。而历史上最有名的经济学骗子，当数 18 世纪的约翰·劳。他于 1671 年出生在苏格兰爱丁堡一个银行世家，14岁就进入自己家的银行任职，对银行业务，特别是信贷有浓厚的兴趣。在伦敦时他为了一个女人而与情敌威尔逊决斗，并将对手杀死，被判终身监禁后逃至荷兰。

他在荷兰潜心研究阿姆斯特丹的银行制度，并于1700年出版了《建立贸易委员会的建议与理由》。三年后劳回到苏格兰，建议成立土地银行，即以低于地价的土地认购权吸引投资者，筹资建立银行。这个建议未被接受，于是他到了法国巴黎。1715年法国国王路易十四去世，当时法国财政赤字严重，继位的皇子年仅七岁，由奥尔良公爵摄政。奥尔良是劳进入法国的担保人，也是他的密友。为了摆脱财政危机，法国采用了劳的建议。1716年劳的通用银行成立，以法国王朝的信誉作为保证，以土地作为抵押品发行纸币，并进行票据贴现和存款业务。由于摄政王奥尔良的支持，法国政府不断宣布金属硬币对纸币贬值，加之劳控制了法国的货币和信用体系，发行适度货币，保持纸币的可兑换性和可以用于交纳税收，并调整利率刺激经济。劳的事业一帆风顺，1718年通用银行转变为皇家银行。这些成功使法国政府迷恋纸币，因为这样可以随心所欲印钞满足财政需求。纸币的过度发行为金融危机埋下祸根，危机爆发的直接诱因是历史上著名的骗局“密西西比计划”。

密西西比当时是法国的殖民地，该计划是由劳成立的西方公司获得密西西比河、俄亥俄河和密苏里河流域的独家开发权。之后劳又获得烟草专卖权、东印度公司与非洲和中国的贸易垄断权。当时人们认为这项计划前景美好，许多人通宵达旦地排队认购。股价最高时达18 000利弗尔。劳为了让股价维持在 9 000 利弗尔，将之货币化，大量发行纸币。这引起了经济繁荣。到 1720 年 5 月初，纸币发行的量已达 26 亿利弗尔，而金属硬币不足其半数。一些有识之士开始悄悄把股票与纸币兑换为外币或金银，寄出国外。通货膨胀加剧，而密西西比的开发也成为泡影，股票很快就成为废纸，法国金融体系崩溃。1720 年年底劳逃走，在困病交加中死于威尼斯。

5.11 破窗需要马上修补

大学楼道中的一扇窗户破了。如果不及时修理的话，这个窗户不久后将会完全损坏。这正符合破窗理论。

美国斯坦福大学心理学家菲利普·辛巴杜（Philip Zimbardo）于 1969 年进行了一项实验，他找来两辆一模一样的汽车，把其中的一辆停在加利福尼亚州帕洛阿尔托的中产阶级社区，而另一辆停在相对杂乱的纽约布朗克斯区。停在布朗克斯的那辆，他把车牌摘掉，把顶棚打开，结果当天就被偷走了。而放在帕洛阿尔托的那一辆，一个星期也无人理睬。后来，辛巴杜用锤子把那辆车的玻璃敲了个大洞。结果呢，仅仅过了几个小时，它就不见了。

以这项实验为基础，政治学家威尔逊和犯罪学家凯琳提出了“破窗效应”理论。他们认为，如果有人打坏了一幢建筑物的窗户玻璃，而这扇窗户又得不到及时的维修，别人就可能受到某些暗示性的纵容去打烂更多的窗户。久而久之，这些破窗户就给人造成一种无序的感觉。结果在这种公众麻木不仁的氛围中，犯罪就会滋生、猖獗。

我们在日常生活中也经常有这样的体会，一所房子如果窗户破了，没有人去修补，隔不了多久，其他窗户也会莫名其妙地被人打破；一面墙上如果出现一些涂鸦没有清洗掉，很快，墙上就会布满乱七八糟、不堪入目的内容。而在一个很干净的地方，人们会不好意思扔垃圾，但是一旦地上有垃圾出现，人们就会毫不犹豫地随地乱扔垃圾，丝毫不觉得羞愧。这就是“破窗效应”的表现。

纽约市交通警察局长布拉顿受到了“破窗理论”的启发。纽约的地铁曾被认为是“可以为所欲为、无法无天的场所”，针对纽约地铁犯罪率的飙升，布拉顿采取的措施是号召所有的交警认真推进有关“生活质量”的法规，他以“破窗理论”为师，虽然地铁站的重大刑事案不断增加，他却全力打击逃票。他发现，每七名逃票者中，就有一名是通缉犯；每二十名逃票者中，就有一名携带凶器。结果，从抓逃票开始，地铁站的犯罪率竟然下降，治安大幅好转。他的做法显示出，小奸小恶正是暴力犯罪的温床。因为针对这些看似微小、却有象征意义的违规行为大力整顿，纽约地铁的刑事犯罪大大减少了。

在日本，有一种称作“红牌作战”的质量管理活动。日本的企业将带有油污、不清洁的设备贴上具有警示意义的“红牌”，将藏污纳垢的办公室和车间死角也贴上“红牌”，以促使其迅速改观，从而使工作场所清洁整齐，营造出一个舒爽有序的工作氛围。在这样一种积极暗示下，久而久之，人人都遵守规则，认真工作。实践证明，工作环境的整洁对于保证企业的产品质量起到了非常重要的作用。

好的东西人们会尽量保护它，而坏的东西人们自觉不自觉地任其变得更坏。对于影响深远的“小过错”采取“小题大做”的方式去处理，以防止“千里之堤，溃于蚁穴”，正是及时修好“第一块打碎的窗玻璃”的明智举措。

5.12 让人发疯的“第二十二条军规”

在政府过度干预的市场环境中会出现相互矛盾的情况，逻辑上看似严谨的制度和规则，实际上是一个无法走出的死循环。就像第二十二条军规。

“如果你能证明自己发疯，那就说明你没疯。”源出美国作家约瑟夫·赫勒（Joseph Heller）根据自己在第二次世界大战中的亲身经历创作的黑色幽默小说《第二十二条军规》。这部小说太有影响了，以至于在当代美语中，Catch-22 已作为一个独立的单词，使用频率极高，用来形容任何自相矛盾、不合逻辑的规定或条件所造成的无法摆脱的困境和难以逾越的障碍，表示人们处于左右为难的境地，或者陷入死循环，或者跌进逻辑陷阱等。根据小说改编，由迈克·尼科尔斯导演、派拉蒙公司摄制的同名影片也于 1970 年上映。

主人公约翰·尤萨林上尉（Captain John Yossarian）是美国陆军第

27 航空战队 B-25 轰炸机上的一名领航员兼投弹手，他渴望保住自己的性命。根据司令部规定，完成 25 次战斗飞行的人就有权申请回国，但必须得到长官批准。当尤萨林完成 32 次任务时，联队队长卡思卡特上校已经把指标提高到了 40 次。等他飞完 44 次，上校又改成 50 次。当他飞完 51 次，满以为马上就能回国了，定额又提高到了 60 次。因为第二十二条军规规定，军人必须服从命令，即使上校违反了司令部的规定，在他飞完规定次数后还让他飞，他也得去，否则他就犯下违抗命令的罪行。所以无论他飞满多少次，上校都可以继续增加定额，而他却不得违抗命令。如此反复，永无休止。官兵们的精神已近乎崩溃，可谁也不可能停飞。于是他逃进医院装病，军医说他是“在白费时间”，他“当场就决定发起疯来”，因为根据条例，精神失常的人是不准上天飞行的，但只能由他本人提出申请。而一个人在面临真正的危险时担心自身安全，就证明他神志清醒。于是就产生了如下逻辑。如果你疯了，只要你申请，就允许你停飞。可你一旦提出申请，就证明你不是疯子，还得接着飞。最后，尤萨林终于明白，“这里面只有一个圈套……就是第二十二条军规。”

这也是作者写在小说扉页上的一句话。

“我敢打赌，它根本就不存在。”尽管他确信无疑，可那又有什么用呢？问题在于每个人都认为它存在。而更糟糕的是，它没有什么实实在在的内容或条文可以让人们嘲笑、驳斥、指责、批评、攻击、修正、憎恨、谩骂、啐唾沫、撕成碎片、踩在脚下或者烧成灰烬。

最后，他不得不开小差逃往中立国瑞典。

具有无上权力和随意性的第二十二条军规并不存在而又无所不在，是一种有组织的混乱和制度化疯狂的象征。它既是一项具体而荒谬的法律条文，更是一种抽象的专制现实。它永远对，你永远错；它总有理，你总没理。它总是与灭绝人性的官僚体制如影随形，使你永远无法摆脱，无法逾越。

在现实生活中，我们也时常会遭遇大大小小的“第二十二条军规”，其实就是形形色色的制度陷阱，通常在资源被强势一方所垄断，当事人双方信息严重不对称或权力不平等的情况下最容易产生。它类似“霸王”条款，简直就像是为官员权力寻租或行政免责而量身打造的。比如你要当医生就必须先获得从业资格，而资格的认定条件却是“行医××年以上”。也就是说，要取得从业资格必须先有从业经历，而没有从业资格却让你无法取得从业经历。

过去有些单位分房、评职称和评奖过程中产生的“第二十二条军规”更多。它们通常都采取“群众评议，领导拍板”的所谓民主集中制方式，给暗箱操作留下巨大空间。这些活动一般会先成立一个带倾向性的评委会，通过不断制造针对某些人群的新规则，抬高门槛，发布一轮又一轮的排行榜，等到评选程序复杂到足以把所有人都搞晕时，才有机会把不希望入选的人打压出局，从而把有某种背景的人选推上去。

在某些相对封闭的环境中，某些规则或者说“土政策”通常是上级比着自己鞋后跟划定的，对下的刚性和对上的弹性都很大。执行起来既要坚持制度的原则性，又要把握政策的灵活性，结果自然会“因人而异”，这就看解释权在谁了。

5.13 金融投资工具

当拥有一定资本的时候，为了实现资本增值，就必须进行投资。在金融投资领域有许多投资工具，如股票、期货、选择权、债券、票证和保险等。所有的金融投资工具都具有以下特征。

1．偿还期限性

指债务人必须全部归还本金之前所经历的时间。

2．流动性

指金融工具迅速变为货币而不致遭受损失的能力，包括三个前提条件：①必须能够很容易地变现；②变现交易成本必须极小；③本金必须保持相对稳定。

3．风险性

指投资金融工具的本金是否有遭受损失的可能。本金受损的风险有信用风险和市场风险两种。信用风险是指债务人不履行合约，不按期归还本金的风险。信用风险对于任何一个金融投资者都存在。因此，认真审查投资对象，充分掌握信息是至关重要的。市场风险是指由于金融投资工具价格或市场价值波动所带来的风险。

4．收益性

指金融投资工具可以为投资者带来投资回报的特性，通常用收益率来表示。收益率是指持有金融投资工具所取得收益与本金的比率，一般以每年一定的百分比来反映。收益率通常有三种计算方法：名义收益率、即期收益率和平均收益率。名义收益率，是金融工具票面收益与票面额的比率。即期收益率，是年收益额对该金融工具当期市场价格的比率。平均收益率，是将即期收益与资金损益共同考虑的收益率。平均收益率可以更准确地反映投资者的收益情况。

5．特征间的关系

金融工具的四个属性（偿还期限性、流动性、风险性和收益性）之间是密切相连的。投资者接受低的收益是为了获得较短的偿还期限和较高的流动性。风险和收益是正相关的，因为大部分投资者厌恶风险，因此接受高风险必须有相应的高收益。风险与流动性之间有一种内在的联系，流动性高的金融工具风险小。

那么什么是好的投资品种呢？

有人认为，银行储蓄或者债券是好的投资品种。这些看似很合理，风险很低，但是银行存款不是投资品，它只是事先把钱放起来以备不时之需的一种方式，并且相对于3%—5%的通货膨胀率（通过消费价格指数反映出来）来说，钱存到银行里非但赚不到钱，相反会大大削弱其购买力；另外，购买债券可以达到投资、赚取资本利得的目的，但是毕竟供给相对较少，一般投资者买不到。

还有人认为，可以去购买股票、期货、古董等。首先，股票不失为一种长线或者短线投资方式，从中国股市行情来看，2015 年，沪深股指一路攀升，给投资者以满心希望；但是在 2015 年之前，行情低迷之时，股票投资并不被投资者看好。其次，再看期货投资，这是一项高风险高收益的投资，由于其内在的保证金交易、做空交易及 T+0 交易，使投资风险大增，大到可以轻易搞垮一个机构。举个例子，英国的资本主义银行巴林银行，已有百年历史，现在已经倒闭了。原因就是，它的新加坡证券部主任尼克里森违规操作日经指数期货所致。可见，期货的杀伤力是无比巨大的。最后，古董投资，一般来讲不会有太多人将其作为投资品去交易，而只是将其作为一种兴趣爱好的体现，多用于收藏。

另有一部分人认为，可以投资实业及房地产。投资实业需要有资金实力、管理能力、销售能力、财务管理能力、超群的眼光等，专业性要求很高，不被大众所接受。房地产开发投资利润很高，但是毕竟是成本较高，很难具体操作。

其实不管是股票还是期货、债券，只要操作得当，都是良好的投资工具。

结束语

经济学真正的灵魂是理性，其隐而不彰的深刻内涵就是人们理性地采取行动。经济学关于理性的假设是针对个人而不是团体的。经济学是理解人们行为的一种方法，它源自这样的假设，每个人不仅有自己的目标，而且还会主动地选择正确的方式来实现这些目标。这样的假设虽然未必总是正确，但很实用。在这样的假设条件下发展出来的经济学，不仅有实用价值，能够指导我们的日常生活，而且这样的学问本身也由于充满了理性而足以娱人心智，令人乐而忘返。尽管我们在日常生活中会时常有意无意地运用一些经济学知识，但如果对经济学知识缺乏基本的了解，就容易在处理日常事务时理性不足，给自己的生活平添许多不必要的困扰。比如，刚刚买了车，没过两天，这款车却降价了，大部分人遇到这种情况的时候都垂头丧气，心里郁闷；倘若前不久刚刚买了房子，该小区的房价最近上涨了，兴高采烈是一般购房者的正常反应。这些反应虽然符合人之常情，但价格下跌带来的郁闷感觉却是没有道理的。

经济学认为，正确的反应应该是，无论是跌价，还是涨价，都应该感觉更好。经济学认为，对消费者而言，最重要的是，你消费的是什么。在价格变动以前，你所选择的商品组合（房子、车子加上用收入余款购买的其他商品）对你来说就是最好的东西。如果价格没有改变，你会继续这样的消费组合。在价格变化以后，你仍然可以选择消费同样的商品，因为房子、车子已经属于你了。所以，你不可能因为价格变化而感觉更糟糕。但是，由于房子、车子与其他商品的最佳组合取决于房价、车价，所以过去的商品组合仍然为最佳是不可能的。这就意味着现在还会有一些更加吸引人的选择，因此，你的感觉应该更好。新的选择虽然存在，但你却更钟情于原来的最佳选择（原来的商品组合）。

在日常生活中，我们还常常烦恼于别人为什么挣得比我多，总是觉得自己得到的比应得的少。而经济学却告诉我们这样的感觉是庸人自扰，也是错误的。经济学认为价格是价值的体现，自己得到的报酬就是应得的，如果自己不能理性地坦然面对，只会给自己的生活带来不必要的烦恼和忧愁。

我们之所以在日常生活中遇到这样那样的烦恼，主要还是因为对经济学有一些误解，这可能是经济学说起来比较简单的缘故。“供给与需求”“价格”“效率”“竞争”等都是大家耳熟能详的经济学词汇，而且这些的词汇的意思也是众所周知的。因此，很多时候，似乎人人都是经济学家。人们不敢随便在一个物理学家或数学家面前班门弄斧，但在一个经济学家面前，谁都可以就车价跌了该高兴还是该郁闷等实际问题随意发表自己的见解。其实，经济学中有许多并非显而易见的内容，并非想象得那么简单。

但是，掌握正确的经济学知识，将经济学思考问题的方法运用到日常生活中来，就能够更加理性地面对生活中的各种琐事，小到油盐酱醋，大到谈婚论嫁，这样，会减少生活中的诸多郁闷和不快，多一些开心，多一些欢笑。

最后用一个笑话结尾。笑话说的是三名经济学家和三名数学家一起乘火车去旅行。数学家讥笑经济学家没有真才实学，研究出的学问还需要一堆诸如“人都是理性的”之类的假设条件；而经济学家则笑话数学家们过于迂腐，脑子不会拐弯，缺乏理性选择。最后经济学家和数学家打赌看谁完成这次旅行花的钱最少。三名数学家每人买了一张票上车，而三名经济学家却只买了一张火车票。列车员来查票时，三名经济学家就躲到了厕所里，列车员敲厕所门查票时，经济学家们从门缝里递出一张票说买了票了，就这样蒙混过关了。三名数学家看到经济学们这样就省了两张票钱，很不服气，于是在回程时也如法炮制，也只买了一张票。可三名经济学家一张票也没有买就跟着上了车。数学家们心想，一张票也没买，看你们怎么混过去。等到列车员开始查票的时候，三名数学家也像经济学家们上次一样，躲到厕所里去了，而经济学家们却坐在座位上没动。过了一会儿，厕所门外响起了敲门声，并传来了查票员的声音。数学家们乖乖地递出车票，却不见查票员把票递回来。原来是经济学家们冒充查票员，把数学家们的票骗走，躲到另外一个厕所去了。数学家们最后还是被列车员查到了，乖乖地补了三张票，而经济学家们却只掏了一张票的钱，就完成了这次火车旅行。